Vivre le Vedānta

Amma et l'Advaita

Swami Ramakrishnananda Puri

I0150087

Mata Amritanandamayi Center, San Ramon
Californie, États-Unis

Vivre le Vedānta

Amma et l'Advaita

Swami Ramakrishnananda Puri

Publié par :
Mata Amritanandamayi Center
P.O. Box 613
San Ramon, CA 94583-0613
États-Unis

En France :
www.etw-france.org

Au Canada :
http://ammacanada.ca/?lang=fr

En Inde :
www.amritapuri.org
inform@amritapuri.org

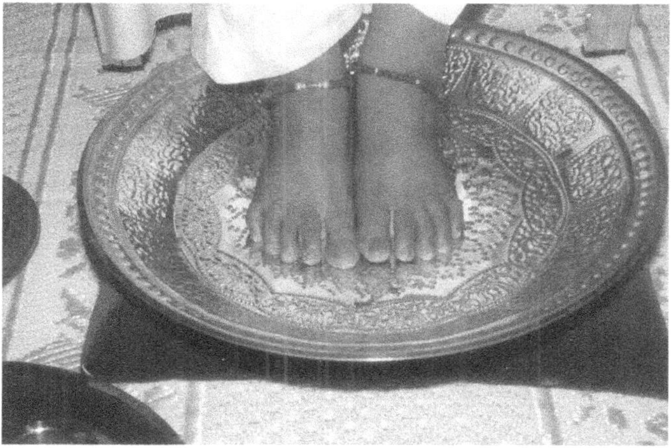

Offert aux pieds de lotus
de mon Satguru bien-aimé
Sri Mata Amritanandamayi Devi

Table des matières

Sri Mata Amritanandamayi Devi

Grâce à ses actes extraordinaires d'amour et d'abnégation, Śrī Mātā Amṛtānandamayī Devī, ou « Amma » (Mère), comme on l'appelle plus communément, est chère au cœur de millions de personnes dans le monde. Amma caresse tendrement tout être qui vient à elle et le serre contre son cœur dans une étreinte pleine d'amour. Elle répand son amour infini sur tous, quelles que soient leurs croyances, leur statut social ou la raison de leur venue.

C'est ainsi qu'Amma, à sa manière simple mais puissante, transforme la vie d'innombrables personnes et aide leur cœur à s'épanouir, étreinte après étreinte. Au cours des quarante-cinq dernières années, Amma a physiquement pris dans ses bras plus de quarante millions de personnes, originaires du monde entier. Son dévouement inlassable au bonheur d'autrui est à l'origine d'un vaste réseau d'activité caritatives, qui permet aux bénévoles de découvrir le profond sentiment de paix intérieure et de contentement que procure le service désintéressé de ses semblables.

Amma enseigne que le Divin existe dans tout ce qui est, animé ou inanimé. Connaître par expérience cette vérité constitue l'essence de la spiritualité et c'est aussi le moyen de mettre un terme à toute souffrance. L'enseignement d'Amma est universel. Quand on lui demande quelle est sa religion, elle répond toujours que c'est l'amour. Elle ne demande à personne de croire en Dieu ni de changer de religion ; elle invite simplement chacun à rechercher quelle est sa nature réelle et à croire en lui-même.

Introduction

Que nous le sachions ou non, nous n'avons qu'un seul but dans la vie : être heureux. Nous poursuivons peut-être d'autres objectifs, mais si nous analysons, nous verrons qu'en définitive, ces objectifs sont aussi des tentatives pour trouver le bonheur. Inconsciemment, notre mental calcule constamment si telle ou telle action augmentera ou diminuera notre bonheur.

Prenez six actions que vous avez faites au cours des dernières vingt-quatre heures. Par exemple : 1) vous vous êtes douché et vous vous êtes lavé les dents, 2) vous avez médité vingt minutes, 3) pris votre petit déjeuner, 4) embrassé un être cher, 5) vous êtes allé travailler, 6) vous avez fait une heure de bénévolat pour une œuvre caritative. Si les bienfaits directs visés par toutes ces actions sont différents, le bénéfice primaire, indirect, qu'elles visent toutes est le bonheur. Vous pouvez dire que vous vous lavez les dents pour avoir les dents propres et une haleine parfumée, mais pourquoi désirez-vous cela ? C'est très simple : les caries sont douloureuses et nuisent à notre bonheur. De même, il est embarrassant d'avoir mauvaise haleine et, quand on en est conscient, cela engendre un complexe et nuit à notre paix intérieure.

De même, sur le moment, la pratique régulière de la méditation peut nous apporter du bonheur ou pas. Mais les gens qui méditent croient qu'en définitive, cela les rend plus heureux et plus paisibles, même si la pratique semble parfois fastidieuse. Le petit déjeuner nous rend tous heureux. Mais supposons que nous sautions le petit déjeuner. Alors nous avons calculé que perdre du poids nous procurera davantage de bonheur que nos tartines. Comme l'a déclaré un jour de manière controversée un super-mannequin : « C'est tellement bon de se sentir maigre ! Rien n'égale cette sensation, pas même le plat le plus délicieux. »

Nous allons peut-être travailler pour gagner de l'argent et apporter notre contribution à la société, mais qu'est-ce qui nous motive ? Nous savons que sans argent, nous allons souffrir. De plus, beaucoup de gens ont un sentiment d'insatisfaction s'ils ne contribuent pas activement au fonctionnement de la société. Nous embrassons ceux que nous aimons car en entretenant ces relations, en donnant et en recevant de l'affection, nous éprouvons un sentiment de plénitude et de bonheur. Et si nous faisons du bénévolat, c'est encore en croyant que cela nous apportera du bonheur : la joie intérieure que l'on éprouve à aider les autres.

J'ai un jour mentionné cet argument à un dévot qui m'a répondu qu'il n'était pas d'accord car il connaissait beaucoup de gens qui faisaient du bénévolat uniquement pour répondre à la pression sociale. Mais je lui ai indiqué que cette motivation-là aussi provenait du désir d'être heureux. Nous voulons éviter les critiques de nos amis. Notre mental a calculé que si nous ne nous alignons pas sur les valeurs de nos pairs, nous perdrons plus de bonheur qu'en allant servir la soupe populaire, quitte à manquer peut-être le match de cricket ou de basket. En définitive, tout ce que nous faisons, nous le faisons pour être heureux.

Amma formule cette vérité à sa façon propre et unique. Elle dit : « Nous sommes faits pour naître dans l'amour, vivre dans l'amour et finalement, mourir dans l'amour. » Qu'est-ce que l'amour ? L'amour, c'est le bonheur. Ils sont synonymes.

Le sentiment d'amour et le sentiment de bonheur sont les mêmes : c'est la béatitude, la paix, la joie. En sanskrit, cela s'appelle *ānanda.* Mais la citation d'Amma ne s'arrête pas là. Elle dit : « Nous sommes faits pour naître dans l'amour, vivre dans l'amour et finalement, mourir dans l'amour. Mais tragiquement, bien que la plupart d'entre nous passent leur vie en quête de l'amour, la majorité meurt sans jamais le trouver. » Amma dit : nous avons beau chercher toute notre vie à faire l'expérience de l'amour et du bonheur, nous échouons misérablement. Donc, si notre inconscient ne cesse de calculer ce qui nous apportera le plus de bonheur, il est clair qu'il y a une erreur fondamentale dans ses calculs.

Cette erreur est bien indiquée dans le Madhu Brāhmaṇa de la Bṛhadāraṇyaka Upaniṣad. Ce texte, en fait, nous montre littéralement l'évolution de la définition du bonheur chez un chercheur spirituel. Ayant obtenu *ātma-jñānaṁ* (la connaissance du Soi), Yājñavalkya a décidé de diviser ses biens entre ses deux épouses et de mener la vie d'un moine errant. Yājñavalkya connaît déjà sa vraie nature mais il veut consacrer sa vie à s'imprégner de cette connaissance, afin qu'elle sature ses pensées, ses paroles et ses actions. Il veut jouir de la paix intérieure, du contentement et du bonheur qui s'installent quand la connaissance du Soi imprègne totalement le subconscient. Quand il informe ses deux épouses de sa décision, l'une d'elles, Kātyāyanī, est satisfaite. L'autre, Maitreyī, comprend que si son époux est prêt à abandonner toutes ses possessions et ses relations, c'est qu'il doit posséder quelque chose de bien plus précieux. Alors elle lui demande : « Qu'importe la moitié de tes biens… si j'avais toutes les richesses du monde, serais-je libérée de la mort ? » Yājñavalkya admet volontiers que non. « Cela te donnerait un grand confort, mais tu mourrais tout de même un jour, » dit-il. Alors Maitreyī comprend que le confort et le bonheur que peuvent lui procurer les relations et les possessions, si grand soient-ils, disparaîtront à la mort, quand elle en sera séparée. Son mental se livre à un rapide calcul : « Combien de bonheur puis-je retirer des biens de Yājñavalkya, et pour combien de temps ? » Alors elle se rend compte : « Pas tant que ça, et pas pour très longtemps ».

Yājñavalkya est heureux de voir la maturité spirituelle de sa femme et il décide de lui enseigner la nature du bonheur et son lien avec les possessions matérielles et les relations :

> sa hovaca na vā are patyuḥ kāmāya patiḥ
> priyo bhavatyātmanastu kāmāya patiḥ
> priyo bhavati | na vā are jāyāyai kāmāya
> jāyā priyā bhavatyātmanastu kāmāya jāyā
> priyā bhavati |
>
> Yājñavalkya dit : « Ma chère, ce n'est pas pour l'amour du mari qu'on le chérit, mais par amour pour soi-même. Ce n'est pas non plus par amour pour l'épouse que le mari la chérit, c'est par amour pour lui-même qu'elle lui est chère[1]. »

C'est une vérité difficile à admettre mais pour un chercheur spirituel, elle est importante. Chacun n'a qu'un seul amour : c'est, c'était et ce sera toujours lui-même. Toutes les autres formes d'amour sont secondaires ou subsidiaires à ce fondement de l'amour de soi.

En réalité, l'Advaita Vedānta nous dit qu'un être humain n'est capable d'aimer que deux

[1] Bṛhadāraṇyaka Upaniṣad, 4.5.6

choses : l'expérience du bonheur elle-même et les différents moyens d'atteindre l'expérience du bonheur. Ainsi, dans le *mantra*, Yājñavalkya donne à Maitreyī une compréhension profonde de la nature des relations humaines, et cela inclut la nature de leur mariage qui va bientôt s'achever. Il lui dit : « Écoute, tu crois peut-être que tu m'aimes, mais en réalité, tu n'aimes que le bonheur que ma présence et mes actions etc., engendrent dans ton mental. Tu m'aimes parce que je suis pour toi un moyen efficace d'atteindre cette expérience du bonheur. Voilà aussi pourquoi je t'ai « aimée », ainsi que Kātyāyanī. »

L'enseignement de Yājñavalkya peut paraître très dur. Il semble presque nihiliste, mais à l'intérieur se cache un vrai diamant de sagesse, de lumière et d'amour. Car Yājñavalkya ne dit pas seulement que l'amour est pour soi, avec un petit s (c'est-à-dire égoïste), il dit aussi que l'amour est la nature du Soi avec un grand S, le vrai Soi, l'*ātmā*.

Cet amour que vous croyez obtenir grâce à vos possessions et à vos relations, en réalité ne vient pas du tout de ces facteurs-là ; il vient de l'intérieur. Il est la manifestation dans notre mental de la béatitude qui est notre vraie nature. C'est *cette* expérience, l'expérience du mental qui reflète la béatitude de l'*ātmā*, que nous aimons et que nous désirons intensément. Nous faisons l'erreur de croire que la source se trouve à l'extérieur. Mais en fait, cette béatitude, c'est ce que nous sommes.

Voilà pourquoi nos différentes formules pour obtenir le bonheur échouent toujours : elles mettent l'accent sur les différents moyens d'obtenir le bonheur, non sur le bonheur lui-même. Et tous les éléments qui entrent dans nos calculs (argent, maison, santé, relations, distractions, plaisirs, etc.) sont limités. Ils peuvent donc uniquement créer les conditions nécessaires pour qu'une quantité de bonheur limitée se manifeste dans notre mental pendant un temps limité. Si nous voulons trouver le bonheur ultime, la vraie béatitude, alors nous devons comprendre que le bonheur ne vient pas de facteurs extérieurs, mais qu'il est notre nature fondamentale. Comme le dit Amma : « Il nous faut passer de « je t'aime » à « je suis amour ».

Aucune action, séculière ou sacrée, ne peut aboutir à ce changement car il ne se situe pas au niveau physique. C'est un changement au niveau de la connaissance ; il nous faut comprendre que l'amour est déjà notre nature réelle. Donc, comme cela est dit dans le Vedānta, *prāptasya prāptiḥ*, il s'agit d'atteindre ce qui est déjà atteint, de découvrir la vérité : « Je suis, j'étais et je serai toujours une source infinie et éternelle d'amour et de béatitude ».

Imaginons par exemple un homme appelé Cletus qui ignorerait qu'il est un être humain. Il pense être un labrador. Mais un jour, il se met en tête qu'il aimerait devenir un être humain. Cletus décide que c'est le vrai but de sa vie. Rien d'autre ne compte. Il veut faire tout son possible pour y parvenir le plus vite possible. Comment Cletus va-t-il réussir ? S'il marche pendant dix mille kilomètres, deviendra-t-il humain ? Non. Et s'il cesse de manger de la nourriture pour chiens et devient végétarien ? Non plus. Et s'il apprend la méditation, médite pendant vingt heures et fait la posture de yoga (*yogāsana*) de « l'humain qui regarde par terre » ? Non, rien de tout cela ne peut rendre Cletus humain. Pourquoi ? Parce que Cletus est déjà humain. Il est un être humain qui *croit* être un chien. Rien ne peut donc rendre Cletus humain, pas même la connaissance qu'il est un être humain, parce qu'il est déjà un humain.

C'est le principe fondamental de l'Advaita Vedānta. Non que nous soyons des humains croyant être des chiens ; mais le principe, c'est que nous sommes tous Dieu, le Divin un et omniprésent, et que nous croyons être des humains. Comme le dit Amma : « Le Divin est notre vraie nature. Rien ne peut changer cela. Si vous insistez pour dire : « Je suis l'ego, le corps, le mental et l'intellect », cela ne fera aucune différence. Votre vraie nature n'est pas le moins du monde affectée par votre manque de compréhension. C'est comme si on affirmait que la terre est plate et non pas ronde. Si vous prêchez que la terre est plate, en croyant que c'est la vérité, cela modifiera-t-il la forme de la terre ? Non, bien sûr que non. Ainsi, vous êtes libre de croire que vous êtes l'ego et que l'ego est réel mais néanmoins, vous continuerez à être ce que vous êtes : l'*ātmā*. Votre nature divine ne changera pas, ne sera pas diminuée, même si vous n'y croyez pas. »

Donc, de même que nous pouvons croire être un chien ou un humain sans que cela modifie la réalité, qui reste inchangée, peu importe que nous croyions être l'ego ou l'*ātmā* : la réalité demeure. Que nous soyons ignorants ou que nous ayons la connaissance, cela n'affecte pas la vérité. Alors pourquoi le Vedānta insiste-t-il autant sur la connaissance ? Lorsqu'on comprend ce qu'est notre vraie nature, la vie devient plénitude, voilà la raison. On prend alors conscience que l'amour et le bonheur que l'on a cherchés toute sa vie ne sont pas à l'extérieur de soi. Cet amour, c'est notre être même : Dieu. Grâce à cette connaissance, on est comblé. La quête incessante du contentement s'achève. Le but de nos actions n'est alors plus de prendre, mais de donner. Nous n'agissons plus à partir d'un sentiment de manque, mais à partir d'un sentiment de plénitude. Nous devenons comme Amma, quelqu'un que les Écritures décrivent comme la personnification de l'altruisme :

śāntā mahānto nivasanti santaḥ
vasantavalloka-hitaṁ carantaḥ |
tīrṇāḥ svayaṁ bhīmabhavārṇavaṁ janān
ahetunānyānapi tārayantaḥ ||

> Il y a des êtres paisibles, magnanimes, qui vivent comme le printemps, en faisant du bien aux autres et qui, ayant eux-mêmes traversé ce terrible océan de l'existence dans le monde, aident les autres à le traverser, sans avoir aucun motif égoïste[2].

Donc, de même que seule la connaissance : « Cletus, tu n'es pas un chien, tu es un être humain » peut symboliquement libérer Cletus de son identification à un chien, seule *ātma-jñānam* peut nous libérer symboliquement de l'idée fausse que nous sommes des êtres humains limités, mortels, enchaînés et en souffrance. Ce changement dans la compréhension de soi-même est, en soi, ce qu'on appelle *mokṣa,* la libération. Voilà pourquoi les *gurus* de la lignée de l'Advaita Vedānta déclarent fermement : *kevalād-eva jnānād-mokṣaḥ,* « Seule la connaissance confère la libération[3] ».

Le titre de ce livre est *Vivre le Vedānta*. Il a été choisi parce que c'est ce que nous voyons en

---

[2] Vivekacūḍāmaṇi, 37

[3] Ādi Śaṅkarācārya, commentaire d'introduction au troisième chapitre de la Bhagavad-Gītā.

Amma : quelqu'un dont chaque pensée, chaque action et chaque parole est totalement en accord avec les principes du Vedānta. En outre, chaque fois qu'Amma débat sur l'Advaita, elle insiste bien sur le fait qu'il ne s'agit pas se contenter de discuter du Vedānta, mais qu'il faut le vivre. Amma dit : « Les sages de jadis ont fait des milliers d'années de pratiques spirituelles. Ils *vivaient* réellement le Vedānta. La plupart d'entre nous se contentent de lire les Écritures et de donner des conférences. Il s'agit là d'un exercice intellectuel. Le Vedānta doit être vécu. C'est cela, la véritable spiritualité. La seule manière de juger réellement de notre progrès spirituel est d'évaluer notre capacité de garder équanimité et patience, quelles que soient les circonstances, ainsi que l'amour et la compassion qui jaillissent spontanément dans notre cœur. C'est essentiellement sur ces aptitudes que doit se porter notre attention. »

Le but de ce livre est donc de présenter l'essence de la connaissance spirituelle, de donner un bref aperçu du processus qui permet de l'obtenir et de révéler comment l'Advaita est l'enseignement ultime d'Amma. Nous examinerons en outre ce qu'Amma veut dire quand elle parle de « vivre le Vedānta » et pourquoi, à ses yeux, c'est d'une importance aussi capitale pour un chercheur spirituel.

1

La Déesse de la Connaissance

Dans la culture indienne, la connaissance est considérée comme suprême, supérieure à toute autre chose. Elle est même déifiée et vénérée sous la forme de la déesse Sarasvatī, la Mère divine. Quand il y a une assemblée ou une cérémonie, on commence toujours par allumer la lampe à huile. La flamme symbolise la connaissance. Quand on l'allume, l'idée sous-jacente, c'est : « Comme cette flamme éclaire cette pièce sombre, puisse cette connaissance se répandre sur nous tous et dissiper les ténèbres de l'ignorance ». L'antique poète Bhatṛhari a célébré la connaissance par la strophe suivante :

na cora-hāryaṁ na ca rāja-hāryaṁ
na bhrātṛ-bhājyaṁ na ca bhārakārī |
vyaye kṛte vardhata eva nityaṁ
vidyā-dhanaṁ sarva-dhana-pradhānam ||

On ne peut pas la voler, elle n'est pas imposable ; un frère ne peut pas nous la réclamer ;

> elle n'est jamais un fardeau. Quand on s'en sert, elle augmente. De toutes les formes de richesse, la connaissance est la plus haute.

En définitive, si la connaissance jouit d'un statut aussi élevé dans la culture indienne, c'est grâce à son immense pouvoir transformateur. C'est de notre conception des objets, des gens et de Dieu, etc., que découle notre attitude intérieure envers eux. Et c'est de notre attitude que proviennent nos pensées, nos paroles et nos actions. Ainsi, la connaissance est le fondement de toute notre vie. Quand elle devient plus vaste, il s'ensuit une transformation totale. Actuellement, la connaissance que nous avons de nous-mêmes et du monde est incorrecte. Donc, nos contacts avec le monde et avec les autres sont problématiques. C'est seulement quand nous aurons corrigé cette compréhension inexacte de notre propre nature et de la nature du monde que nos actions deviendront harmonieuses, comme le sont celles d'Amma. L'exemple qui suit, donné par Amma elle-même, illustre cette vérité. Amma raconte : « Une école se trouva un jour face à un problème inédit. Un certain nombre de filles s'étaient mises à utiliser du rouge à lèvres ; elles le mettaient dans les toilettes. Cela ne posait pas de problème, mais après avoir mis le rouge à lèvres, elles appuyaient les lèvres sur le miroir pour en enlever l'excès. Elles laissaient donc sur le miroir des douzaines de petites traces de lèvres rouges. À la fin de chaque journée, le concierge devait passer des heures à nettoyer les marques de lèvres sur le miroir. Il essaya de parler aux élèves. Il mit des affiches dans les toilettes et sur les tableaux d'information. Mais comme personne n'y faisait attention, il finit par aller se plaindre officiellement à la directrice. Elle vint donc peu après inspecter les travaux d'art des élèves. Elle consola le concierge et lui dit qu'elle allait réunir toutes les élèves et s'occuper du problème. Le lendemain, la directrice convoqua toutes les élèves dans les toilettes, avec le concierge. Elle expliqua tout d'abord que ces traces de lèvres lui posaient un gros problème car il devait chaque jour nettoyer tous les miroirs. Mais aucune des élèves ne prêtait vraiment attention à ses paroles. Amusée par leur manque total d'intérêt, la directrice demanda au gardien de montrer comment il nettoyait les miroirs. Il prit alors une raclette avec un long manche, la plongea dans une toilette, la retira et l'utilisa pour nettoyer le miroir.

Les filles hurlèrent : « Beurk ! C'est comme ça que les miroirs sont nettoyés ? »

Le concierge répondit : « Oui, je les nettoie comme ça tous les jours. »

Inutile de dire qu'il n'y eut plus jamais de traces de lèvres sur les miroirs.

Quand elle raconte cette histoire, Amma commente : Le satsaṅg de la directrice et la prise de conscience des filles furent simultanés. Elles comprirent en un éclair et changèrent aussitôt leur façon de penser, leurs sentiments et leurs actions. Tel est le pouvoir de la connaissance. Les filles avaient une certaine idée du miroir dans les toilettes, elles le croyaient pur. En voyant briller dans la glace leur propre visage fraîchement maquillé, elles éprouvaient de l'amour pour leur reflet et en conséquence, elles avaient envie de l'embrasser. Donc, leur savoir dictait leur attitude et leur attitude dictait leur action. Mais ensuite, la directrice et le concierge révélèrent aux filles que l'idée qu'elles se faisaient du miroir était fausse. Le miroir n'était pas pur ; il était souillé par l'eau des toilettes. Les filles ayant acquis une nouvelle connaissance de la nature du miroir, leur attitude changea, l'attirance pour le miroir se transforma en dégoût. Et aussitôt, leurs actions se modifièrent.

Comme la lumière, la connaissance illumine et clarifie des choses que nous comprenions auparavant de travers. Mais entre tous les domaines de la connaissance, la connaissance de Soi est spéciale. Elle nous transforme totalement, parce qu'elle transforme complètement et définitivement la notion que nous avons de nous-mêmes. Les autres formes de connaissance s'étendent à l'infini. En fait, quand on étudie les sciences matérielles, plus on avance, plus on se rend compte qu'on ne sait rien. Si nous abordons les sciences matérielles avec le sentiment d'être intérieurement incomplet, nos études n'y changeront rien. Nous acquerrons des connaissances dans les domaines de l'histoire, de la physique, des nanosciences ou de la chimie, etc., mais notre sentiment d'être aliéné, seul, déprimé et incomplet persistera.

Ceci est magnifiquement décrit dans la Chāndogya Upaniṣad. Nārada, un homme très savant, va trouver un sage du nom de

Sanatkumāra. Nārada a entendu parler de sa grande sagesse et souhaite devenir son disciple. Il se présente et énumère tout ce qu'il a entrepris et réussi dans sa vie. La liste est longue : tous les sujets qu'il a étudiés, les arts où il est passé maître, les différentes sciences et branches de la connaissance, les diplômes qu'il a obtenus, etc. La liste est impressionnante. Elle semble interminable. Mais ensuite, après avoir énuméré cette liste incroyablement longue, Nārada confesse : *so'haṁ bhagavaḥ śocāmi,* « Vénérable sage, malgré cela, je suis encore triste ». L'Upaniṣad explique ensuite que la connaissance est certes la réponse, mais pas la connaissance matérielle. Ce qui est nécessaire, ce n'est pas la connaissance des objets, mais la connaissance du sujet lui-même : *tarati śokam ātmavit,* « Celui qui connaît le Soi transcende la souffrance[1] ». Ceci est l'essence de la spiritualité.

Amma dit exactement la même chose : « Si on vit en sachant que l'*ātmā* est la source réelle de paix éternelle, on peut éviter ou transcender la souffrance ». Je me rappelle qu'un jour, un journaliste a demandé à Amma d'expliquer

[1] Chāndogya Upaniṣad, 7.1.3

l'essence de la spiritualité en une seule phrase. La réponse d'Amma fut : « Connais-toi toi-même (ton Soi réel). »

Comme Nārada, nous avons réussi beaucoup de choses dans notre vie. Le problème, c'est que nous en attendions un bonheur durable. Il est certes très beau d'étudier l'art et la littérature, le monde et les sciences. Ces études peuvent enrichir notre vie de bien des manières, mais elles ne nous apporteront pas un bonheur réel et éternel. Cela ne signifie pas que nous avons subi un échec ; simplement, ces connaissances en sont intrinsèquement incapables. S'attendre à trouver un bonheur authentique en réussissant dans ces domaines équivaut à vouloir acheter des bijoux à la poste.

Deux économistes se promenaient dans un parc, quand l'un dit à l'autre : « Si tu me laisses te donner un coup de poing au visage, je te donnerai cinq mille euros. » Le second réfléchit un instant, puis il accepte. Il reçoit un coup de poing dans la figure. Le premier économiste lui fait un chèque de cinq mille euros, et ils continuent. Quelques minutes plus tard, le second économiste dit : « Hé, si tu me laisses te donner un coup de poing au visage, je te donnerai cinq mille euros ». Le premier économiste accepte et « boum ! » il reçoit un coup de poing dans la figure. Ils marchent encore un peu, et le premier économiste s'arrête. Ils ont tous les deux le nez qui saigne. Il dit : « Je ne peux pas m'empêcher de penser que nous avons tous les deux reçu un coup de poing au visage pour rien du tout ». Le second économiste répond : « Comment ça ? Nous avons à nous deux augmenté le Produit National Brut de dix mille euros ! ».

Le fait est que les buts matériels et la connaissance objective ont leur importance. Mais du point de vue du bonheur, cette importance est tout au plus théorique. Le Vedānta nous dit que notre vie est fondée sur une incompréhension fondamentale du monde et de ses objets, ainsi que de notre propre nature, de qui nous sommes. Malheureusement, cette incompréhension dicte notre attitude envers le monde et envers nous-même. En outre cette attitude, qui repose sur la confusion, définit le tracé de notre vie. Si nous réussissons à corriger cette incompréhension, notre attitude néfaste se transformera en attitude bénéfique et notre vie deviendra paisible et harmonieuse. Notre souffrance disparaîtra. Pour que cela se produise, seule la connaissance est nécessaire, la connaissance de soi-même. Permettez-moi de conclure ce chapitre par un exemple : un homme va faire son bilan médical annuel. Le docteur ordonne quelques analyses et lui dit de revenir une semaine plus tard. L'homme revient donc une semaine plus tard ; on l'appelle dans le cabinet du médecin. Le docteur lui dit de s'asseoir en face de lui et regarde intensément l'écran de son ordinateur. Soudain, le docteur fronce les sourcils. « Non, cela ne va pas du tout . » L'homme est aussitôt pétrifié : « Qu'y a-t-il, docteur ? Est-ce le cancer ? » « Pardon ? dit le médecin, Non, tout va bien chez vous. Mon copain de golf vient juste de changer l'heure de notre thé. »

Le Vedānta dit que nous sommes tous comme cet homme. Comme nous ne comprenons ni la nature du monde ni qui nous sommes, nous sommes remplis de tension et d'angoisse. Le médecin dit à son client ; « Non, tout va bien chez vous », et celui-ci trouve aussitôt la paix.

Ainsi, une fois que nous aurons compris correctement le message qu'Amma et les

Écritures nous donnent, une fois que nous l'aurons assimilé, nous trouverons aussi la paix. « Ne vous inquiétez pas, tout va bien », c'est l'enseignement essentiel du Vedānta. La différence entre le diagnostic du médecin et celui du Vedānta, c'est que le médecin parle du corps. Le Vedānta parle de notre Soi réel, l'*ātmā*. Le corps est parfois en bonne santé, parfois malade, mais l'*ātmā* est éternel, à jamais libre de toute affliction, pur, libre et rempli de béatitude.

2

Les ciseaux de viveka

La connaissance de Soi est très subtile. C'est que l'objet à connaître n'est pas du tout un objet : c'est le sujet. Pensez aux différentes formes de connaissance que nous avons peut-être actuellement : connaissance des sports, de la musique, de la géographie, des membres de notre famille, des sciences de la matière, des mathématiques, etc. Dans tous ces exemples, l'objet de notre connaissance est différent de nous. Nous le savons car si nous prenons les différents domaines d'étude, il y a toujours deux choses : moi, le sujet, et puis la science, l'objet de mon étude. La biologie moléculaire, l'étude du fonctionnement interne des molécules, est une science subtile si on la compare à l'anatomie. Et on peut considérer que la psychologie est encore plus subtile, puisqu'elle se préoccupe de quelque chose qui n'est même pas microscopique, mais invisible : le fonctionnement interne du mental. Mais plus subtile encore que tout cela est l'étude de l'*ātmā*. Aussi subtils que soient les mécanismes d'une molécule, ils sont encore objectivables. Et de même, nous ne voyons pas le psychisme, mais nous en voyons les effets. L'*ātmā,* toutefois, demeure imperceptible, aussi raffinés que soient nos instruments scientifiques de pointe. C'est qu'il ne possède aucun attribut, rien de perceptible. Les Upaniṣads déclarent donc que l'*ātmā* est *anubhyo'aṇu, «* plus subtil que le subtil[2] ». Et : *naiva vācā na manasā prāptuṁ śakyo na cakṣuṣā,* « ni la parole, ni le mental, ni l'œil ne peuvent l'atteindre[3] ». Et : *yato vāco nivartante, aprāpya manasā saha,* « incapables d'appréhender l'*ātmā*, les mots font demi-tour en même temps que le mental[4] ».

Amma dit la même chose : « La science étudie le monde objectif, tandis que la spiritualité étudie le monde subjectif, l'essence de notre propre existence. La première concerne ce qui est vu : le monde. La seconde se préoccupe uniquement de celui qui voit : le Soi en nous, sans lequel le

---

[2] Muṇḍaka Upaniṣad, 2.2.2

[3] Kaṭha Upaniṣad, 2.3.12

[4] Taittirīya Upaniṣad, 2.9.1

monde varié des noms et des formes n'existe pas. L'un est grossier, l'autre est subtil. Il n'est donc pas aussi facile de connaître l'*ātmā* que de connaître le corps et les désirs qui lui sont associés. Les gens recherchent naturellement le connu plutôt que l'inconnu, qui en réalité est notre Soi véritable. Ils sont donc plus attirés par les objets du monde que par les principes subtils de la spiritualité et de la vie. » De telles affirmations risquent de nous irriter. Après tout, on nous dit qu'on ne peut ni toucher l'*ātmā*, ni le voir ni l'entendre, etc. De plus, il ne peut même pas être un objet de pensée. Et en même temps, on nous dit que le seul moyen de trouver la paix, le bonheur et le sentiment de plénitude auxquels nous aspirons toute notre vie, c'est de le connaître. Cela semble paradoxal. Nous avons peut-être le même sentiment que la jeune femme qui vient d'être embauchée et à qui son patron déclare : « Oubliez tout ce que vous avez appris à l'université. Cela ne sert à rien chez nous ! » La femme répond : « Mais je ne suis jamais allée à l'université ». Le patron rétorque : « Vous êtes renvoyée. Nous n'embauchons que des diplômés ».

Ne vous inquiétez pas. Les Écritures, conscientes de notre frustration, nous indiquent par où commencer. Elles disent : si vous ne pouvez pas connaître l'*ātmā* directement, en affirmant « C'est *Cela* », pourquoi ne pas prendre le chemin inverse, en considérant tout ce qu'il n'est pas : « Ce n'est *pas* ceci » ? Si nous éliminons ainsi les différentes possibilités, grâce à ce processus d'élimination, nous aboutirons peut-être finalement à notre vraie nature. Bien sûr, personne ne s'identifie au monde extérieur ; le problème, c'est notre identification avec les différents aspects du complexe corps-mental. Dans les Écritures, cette méthode est présentée dans différents modèles. Par exemple : *pañca-kośa viveka,* le discernement entre le Soi et les cinq enveloppes ; *śarīra-traya viveka,* le discernement entre le Soi et ce qui est grossier, les corps subtils et causals ; et encore *avasthā-traya viveka,* le discernement entre le Soi et l'état de veille, l'état de rêve et l'état de sommeil profond. Il s'agit-là de différentes méthodes pour parvenir au même but. Chacun de ces systèmes nous fait clairement percevoir que le complexe du corps-mental n'est pas le Soi. C'est pourquoi ces méthodes sont appelées *ātma-anātma viveka,* le discernement entre le Soi et le non-Soi.

Dans son traité exhaustif sur l'Advaita, Vivekacūḍāmaṇi, Śrī Ādi Śaṅkarācārya consacre plus de cinquante vers à présenter une version détaillée de *pañca-kośa viveka*[5]. C'est un système très utile qui divise la personnalité humaine en cinq *kośas* (enveloppes), chacune plus subtile que la précédente. Ce sont : *annamaya kośa,* l'enveloppe faite de nourriture, i.e. le corps physique, formé à partir de notre alimentation ; *prāṇamaya kośa,* l'enveloppe énergétique qui contrôle les systèmes neurologiques, cardio-vasculaires, endocriniens, etc. ; *manomaya kośa*, l'enveloppe mentale, qui comprend les organes des sens ainsi que toutes nos pensées et émotions ; *vijñānamaya kośa*, l'enveloppe qui comprend notre sens du moi en tant qu'individu distinct, l'ego qui désire l'action et croit « je suis celui qui pense, qui agit et traverse les différentes expériences » ; et finalement, *ānandamaya kośa*, l'enveloppe qui fait l'expérience de la béatitude.

[5] La source originale de *pañca-kośa viveka* se trouve dans le second chapitre de la Taittirīya Upaniṣad, appelé Brahmānanda Vallī.

Dans ce texte, Śaṅkarācārya explique chaque *kośa* de façon élaborée ainsi que les raisons qui font qu'aucune de ces enveloppes ne peut être l'*ātmā*. Il donne par exemple dix raisons pour lesquelles l'*ātmā* ne peut pas être *annamaya kośa*, le corps physique[6] : 1) L'*ātmā* est éternel, et il est clair que le corps ne l'est pas, 2) L'*ātmā* est pur, et le corps physique est rempli d'impuretés, 3) L'*ātmā* est conscient, tandis que le corps physique est inerte, 4) Il existe de nombreux corps physiques différents mais un seul *ātmā*, 5) Le corps physique a des attributs, tandis que l'*ātmā* est dépourvu d'attributs, 6) L'*ātmā* est immuable, tandis que le corps physique change constamment, 7) Le corps physique ne possède pas de réalité indépendante, tandis que l'*ātmā* est la seule réalité indépendante, 8) Le corps physique a des parties, comme les bras et les jambes, tandis que l'*ātmā* est sans division, 9) Le corps physique est maîtrisé tandis que l'*ātmā* est le maître, et 10) L'*ātmā* est imperceptible, alors que nous voyons clairement nos corps.

Les arguments de Śaṅkarācārya sont logiques. Il s'agit toutefois d'un certain type de logique,

[6] Vivekacūḍāmaṇi, 154-164

qui repose sur la connaissance et sur la foi dans les affirmations des Écritures. Prenons par exemple l'argument qui affirme que le corps physique est forcément différent de l'*ātmā*, parce que *l'ātmā* est éternel alors que le corps physique ne l'est pas. La nature périssable du corps physique est évidente. Nous sommes tout à fait conscients que cette enveloppe de chair et d'os mourra un jour, et que si elle n'est pas brûlée, elle pourrira. Nous arrivons logiquement à cette conclusion en analysant tous les corps physiques que nous voyons dans le monde. Ils meurent tous. On peut donc logiquement inférer que le nôtre mourra aussi.

Mais comment savons-nous que la nature du Soi est éternelle ? C'est une question de foi. Notre seule source d'information, ce sont les Écritures et les enseignements de *mahātmās* comme Amma. Si nous les étudions, nous verrons que la Bhagavad-Gītā dit :

na jāyate mriyate vā kadācit
nāyaṁ bhūtvā'bhavitā vā na bhūyaḥ |
ajo nityaḥ śāśvato'yaṁ purāṇo
na hanyate hanyamāne śarīre ||

> Cela ne naît jamais et ne meurt jamais ; son existence est sans commencement et sans fin. Cela est non-né, éternel, impérissable, ancien et ne périt pas quand le corps est tué[7].

Et qu'a dit Amma, lorsqu'elle était adolescente et que des villageois sont venus pour la tuer parce qu'elle continuait à donner le *darśan* ? Elle a souri et a dit : « Je n'ai pas peur de la mort. Vous pouvez tuer ce corps mais l'*ātmā* est immortel, indestructible. On ne peut pas tuer l'*ātmā* ». (Infinie est la compassion d'Amma ! Certes, Kṛṣṇa a enseigné *ātma-jñānam* à Arjuna sur le champ de bataille mais Amma est allée jusqu'à transmettre la connaissance du Soi à ceux qui voulaient la tuer).

Donc, pour employer cette logique et affirmer que le corps physique ne peut pas être l'*ātmā*, parce que contrairement à l'*ātmā*, il n'est pas éternel, il faut avoir étudié les Écritures et les paroles de *mahātmās* comme Amma. Non seulement il faut les avoir étudiées, mais il faut aussi avoir foi en elles. Une fois cette fondation établie, on peut comparer et opposer la nature

[7] Bhagavad-Gītā, 2.20

du Soi, l'immortalité, à la nature du corps physique, qui est mortel, et en conclure que ce corps physique ne peut pas être l'*ātmā*. En termes de logique pure, ce qu'on pourrait dire de mieux serait : « S'il existe réellement quelque chose d'immortel que l'on appelle l'*ātmā*, alors ce doit être différent de ce corps physique qui lui, est clairement mortel. »

Je peux par exemple vous dire que les Upaniṣads affirment : « *prajñānaṁ brahma*, la Conscience est Brahman[8] ». Si vous avez foi dans les Écritures, c'est une affirmation très puissante. Mais si vous n'avez pas cette foi, vous rétorquerez peut-être : « C'est bien joli, Swāmīji. Dans *Star Wars, Episode IV, Un nouvel Espoir*, Obi Wan Kenobi déclare : « La force sera avec toi, toujours ». Mais je ne vais pas baser ma vie là-dessus ! » Donc, comme beaucoup des lecteurs de ce livre ne sont peut-être pas versés dans les Écritures de l'Inde, et pour abréger, nous allons utiliser le système d'*ātma-anātma viveka* que l'on appelle *dṛg-dṛśya viveka* : le discernement entre celui qui voit et ce qui est vu. Ce système est purement logique

[8] Aitareya Upaniṣad, 3.1.3

et ne requiert aucune connaissance préalable des Écritures. *Dṛg-dṛśya viveka* se fonde sur quelques principes logiques : 1) Il est impossible de séparer physiquement une substance de ses attributs. 2) Puisqu'une substance et ses attributs ne peuvent pas être séparés, on fait forcément l'expérience des deux à la fois. 3) Si la substance et ses attributs, ensemble, constituent un objet dont on fait l'expérience, il doit y avoir un sujet qui fait l'expérience, différent de la substance et de ses attributs. 4) Donc, tous les attributs que nous percevons appartiennent à une substance dont je fais l'expérience et il est impossible qu'ils m'appartiennent, à moi, le sujet qui fait l'expérience.

Voyons la première étape : *Il est impossible de séparer physiquement une substance de ses attributs*. Pour expliquer cela clairement, on peut prendre l'exemple du feu. Quels sont les attributs principaux du feu ? La chaleur et la lumière. Il n'existe pas de feu froid ou de feu sombre. Maintenant, peut-on séparer ces attributs de leur substance ? Peut-on séparer de l'objet feu la qualité de « chaleur », et les mettre l'un à côté de l'autre ? Non, c'est impossible.

Intellectuellement, on peut peut-être définir la substance « feu » en la distinguant de l'attribut « chaleur », mais physiquement, il est impossible de les séparer. Le lien entre une substance et ses attributs est donc appelé *samavāya saṁbandha*, un lien inhérent. Voici donc notre première loi logique : *Il est impossible de séparer physiquement une substance de ses attributs.*

Notre étape suivante est une extension de cette première loi. Pensez à une série d'attributs : gros, maigre, noir, rouge, rond, doux, tranchant… Aucun de ces attributs ne peut être perçu sans une substance. Si je vous disais : « Avez-vous senti le pointu ? », cela n'aurait aucun sens. Vous demanderiez aussitôt : « Le quoi pointu ? », parce que, comme nous venons de le dire, il est impossible de séparer physiquement un attribut de sa substance. Et pourtant, nous percevons des objets pointus, des objets rouges, des objets minces, des objets ronds. Ainsi, si nous pouvons percevoir l'attribut « être pointu », et que nous savons qu'aucun attribut ne peut être séparé de sa substance, alors nous arrivons à l'affirmation plus large : *Tous les attributs que nous percevons appartiennent à des substances perçues*. Je ne peux donc pas percevoir la nature pointue de l'aiguille sans percevoir simultanément l'aiguille elle-même. De même, je ne peux pas percevoir l'aiguille sans percevoir sa nature pointue. L'expérience de la substance et de ses attributs est une seule expérience. Donc, *tous les attributs que nous percevons appartiennent à des substances perçues*.

Vient ensuite une seconde loi logique qui est très importante pour l'Advaita : *L'objet perçu ne peut pas être le sujet qui perçoit*. Celui qui fait l'expérience ne peut pas devenir l'objet de l'expérience. Prenons l'exemple de l'œil, l'organe de la vue. Cet organe, à sa manière, est un sujet qui fait des expériences. Avec le pouvoir de sa vision, il peut voir en vérité un nombre infini d'objets : la télé, la porte, les membres de notre famille, nos mains et nos pieds, les nuages dans le ciel, la montagne au loin et même la lumière d'étoiles situées à des années-lumière. Si les circonstances sont favorables, un globe oculaire peut même voir l'autre. Mais il y a une chose que le globe oculaire ne peut pas voir : il ne peut pas se voir lui-même. Donc, *aucun objet perçu ne peut être le sujet qui perçoit*.

Maintenant, l'étape finale : Puisque tous les attributs perçus : grosseur, grandeur, rondeur, chaleur, froideur, etc. appartiennent à des substances perçues, *aucun attribut perçu ne peut m'appartenir, moi qui suis le sujet qui perçoit.*

Si nous examinons les *pañca-kośas* une par une, que voyons-nous ? Notre peau peut être noire, brune ou blanche. Elle peut présenter des grains de beauté, des taches de rousseur ou des cicatrices. Elle peut être velue, douce ou ridée… peu importe, tout cela sont des attributs et font donc partie de la substance appelée le corps. Le corps et ses attributs sont clairement l'objet de mon expérience. Donc, *puisqu'aucun attribut perçu ne peut m'appartenir, à moi qui suis le sujet qui perçoit*, le corps et ses attributs ne peuvent pas être moi. Si nous essayons de trouver qui nous sommes en procédant par élimination, alors, par ce processus logique, nous pouvons à coup sûr éliminer le corps.

De même, dans une certaine mesure, nous pouvons percevoir les attributs de *prāṇamaya-kośa*, l'énergie qui coule à travers le corps. Cette énergie se reflète dans notre digestion, notre rythme cardiaque, notre tension artérielle, notre température et la vitesse de notre respiration. Tous ces attributs appartiennent à la substance de l'énergie corporelle. Je peux en faire l'expérience. Donc, ces attributs et cette substance ne peuvent pas être moi.

Qu'en est-il du mental, *manomaya kośa* ? C'est aussi une substance avec des attributs dont nous faisons l'expérience. Si on nous demande : « Comment vas-tu ? », nous répondons : « Oh, je suis très heureux » ou peut-être : « Je suis un peu triste aujourd'hui ». Nous faisons l'expérience des attributs que sont le bonheur et le chagrin. De même, quand notre mémoire est rapide ou lente, quand nous sommes remplis de doutes ou de certitudes, nous en faisons l'expérience. Tout cela, nous l'observons clairement. La certitude, le doute, le désir, le bonheur, la frustration, la dépression, le chagrin, l'allégresse, la jalousie, l'avidité, etc., ces attributs appartiennent à la substance appelée « mental ». Comme j'en fais clairement l'expérience, je fais aussi l'expérience de la substance elle-même. Puisqu'aucun objet perçu ne peut être le sujet qui perçoit, cela signifie que même le mental, avec tous ses attributs changeants, ne peut pas être moi.

Le niveau suivant de notre personnalité est *vijñānamaya-kośa*. Cela inclut l'intellect et ce que l'on nomme *ahaṅkāra*, l'ego. C'est *vijñānamaya-kośa* qui nous donne le sentiment d'être un individu limité, doté des attributs *kartṛtvaṁ*, *bhoktṛtvam* et *pramātṛtvam* : être l'auteur des actions, être celui qui fait les expériences et celui qui connaît. C'est cet aspect de notre personnalité qui affirme : « *Je* fais ceci », « *J'ai* fait cette expérience », « *Je* pense ceci ». Si nous sommes identifiés à *manomaya kośa,* quand nous nous identifions à des émotions telles que la jalousie, alors *vijñānamaya kośa* est la pensée : « Je suis celui qui est jaloux ».

Chaque enveloppe est de plus en plus subtile à mesure que l'on va vers l'intérieur et donc, il devient de plus en plus difficile de la séparer de notre vrai Soi, l'*ātmā*. Mais là encore, reconnaissons que le simple fait que nous puissions parler de cet aspect de notre personnalité indique que nous le percevons comme un objet dont nous avons conscience. De plus, les convictions telles que « Je fais cette action », « Je fais cette expérience », « Je pense ceci », vont et viennent dans notre expérience, n'est-ce pas ? Il est certain que dans le sommeil profond, le sens du « moi » en tant qu'individu limité, séparé de tout le reste, se dissout. Puis dès le réveil, il se manifeste à nouveau. Et pourtant, miraculeusement, nous gardons une vague mémoire d'une expérience intemporelle dans laquelle il était absent, où il n'y avait plus qu'une béatitude vide et incommensurable. Donc, bien que l'*ahaṅkāra* soit très subtil, il demeure clairement un objet perçu par notre conscience. Śaṅkarācārya l'indique dans la conclusion de son commentaire sur la Bhagavad-Gītā :

Quand l'illusion continuelle que « le corps, etc., est l'*ātmā* » est interrompue dans le sommeil profond ou en *samādhi*, etc., alors on ne perçoit plus les maux que sont les sentiments « Je suis celui qui agit », « Je suis celui qui fait cette expérience[9]. »

Amma aussi utilise l'expérience du sommeil profond pour nous révéler que l'ego et ses concepts du « moi » et du « mien » sont des expériences transitoires et que donc, elles ne peuvent pas être nous, le sujet. Amma dit : « Une enfant désire si

[9] Commentaire de Śaṅkarācārya à la fin de la Bhagavad-Gītā, 18.66

intensément une poupée qu'elle pleure pendant plusieurs heures. Finalement, elle obtient une poupée et joue avec pendant quelque temps. Elle ne laisse personne y toucher. Elle s'endort en serrant la poupée dans ses bras. Mais pendant son sommeil, la poupée glisse et tombe par terre sans que l'enfant s'en aperçoive. Ou bien, un homme cache son or sous son oreiller et s'endort, la tête posée sur l'oreiller. Mais pendant qu'il dort, un voleur s'introduit chez lui et dérobe tout. Quand il était éveillé, cet homme était obsédé par son or et cela ruinait sa paix intérieure. Mais dans son sommeil, il a tout oublié, il n'avait pas conscience de lui-même, de sa famille ni de ses biens. Au réveil, tout réapparaît : « *Ma* poupée, *mon* collier, *ma* famille ». Quand le sentiment du « moi » revient, tout le reste revient avec. »

Nous en arrivons finalement à la plus subtile de toutes les *kośas*, *ānandamaya-kośa*. Mot à mot, cela signifie : l'enveloppe de béatitude ; *ānandamaya-kośa* est perçue chaque fois que nous éprouvons du bonheur, de la joie, de la béatitude. C'est dans le sommeil profond que nous en faisons l'expérience la plus profonde, mais chaque fois que nous sommes éperdus de joie parce qu'un de nos désirs est satisfait, il s'agit de l'expérience d'*ānandamaya-kośa.* Nous ne pouvons pas observer l'état de sommeil profond activement, sur une durée donnée, parce que dans le sommeil profond, le mental et sa faculté d'évaluer le temps ont temporairement disparu. Néanmoins, au réveil, nous gardons miraculeusement un vague souvenir d'avoir fait l'expérience de la béatitude. Sinon, pourquoi pensez-vous que nous aimons tant dormir ? Pourquoi disons-nous : « Non, encore cinq minutes ! » quand quelqu'un nous dit qu'il est l'heure de se lever ? C'est parce que dans le sommeil sans rêve, nous nous fondons momentanément dans un océan de béatitude. Amma dit : « Dans le sommeil profond, il n'y a que la béatitude. La béatitude dont nous faisons l'expérience dans le sommeil profond nous donne l'énergie que nous sentons au réveil ». Dans les périodes de sommeil profond, le mental se dissout. Avec lui se dissout notre perception du temps et de l'espace. Néanmoins, nous faisons encore l'expérience d'*ānandamaya kośa.* Nous le savons car nous nous réveillons tous avec ce vague souvenir : « Il n'y avait rien ; j'étais dans la béatitude ». Nous nous rappelons cette expérience, où le temps et l'espace n'existent pas. Le fait que nous ayons cette mémoire prouve que la béatitude ressentie dans le sommeil profond est différente de nous. La question se posera peut-être : « Comment puis-je me rappeler ce qui s'est passé, alors que l'équipement mental responsable de l'enregistrement des souvenirs était dissout à ce moment-là ? » Bien que nous ne puissions pas expliquer « comment » cela se produit, nous devons supposer que c'est ce qui se passe. Sinon, aucun d'entre nous n'aurait ce souvenir. Dans l'épistémologie de l'Inde, ce moyen de connaissance s'appelle la présomption, *arthāpatti*. L'exemple classique, c'est que si un individu est gros alors qu'il ne mange jamais pendant la journée, on peut présumer qu'il mange la nuit. Ainsi, si nous avons tous le souvenir d'avoir fait l'expérience de la béatitude pendant le sommeil profond, même si nous ne pouvons pas expliquer comment cette mémoire a surgi, il faut bien que nous ayons, d'une manière ou d'une autre, fait l'expérience de la béatitude. Et même en ce qui concerne le bonheur dont nous faisons l'expérience durant la journée, que nous ayons reçu une bonne nouvelle, que nous mangions une glace ou que nous soyons avec les êtres que nous aimons, ce bonheur-là aussi est un objet de notre expérience. Sinon, comment pourrions-nous le mesurer comme nous le faisons ? « Oh, j'étais heureux à ce moment-là, mais pas comme maintenant ! » etc. Même la béatitude que connaissent les *yogīs* en *samādhi* est un objet. C'est pourquoi elle apparaît quand le *yogī* entre dans cet état et disparaît quand il en sort. Quoi qu'il en soit, qu'il s'agisse de *samādhi*, du sommeil profond ou de la nouvelle que nous avons gagné à la loterie, toute béatitude dont nous faisons l'expérience, par définition, est forcément un objet, un objet de notre expérience, qu'on l'appelle *ānandamaya kośa* ou de n'importe quel autre nom. Je fais l'expérience de la substance et de ses attributs. En conséquence, cela ne peut pas être moi, le sujet. Notre problème, c'est que nous projetons ces substances extérieures et leurs attributs, qui sont clairement des objets de notre expérience, sur nous-même. Mais le seul fait que nous en fassions l'expérience implique que ce sont clairement des objets, et non pas notre Soi. Dans son commentaire sur la Bṛhadāraṇyaka Upaniṣad, Śaṅkarācārya rejette fermement l'idée qu'une chose dont nous faisons l'expérience, quelle qu'elle soit, puisse être le Soi. Dans ce commentaire, il souligne que même les affirmations « Je ne sais pas, je suis dans la confusion » etc., n'indiquent pas un attribut du Soi, mais révèlent que nous faisons l'expérience d'un attribut du mental, distinct du Soi, et qui ne diffère pas de l'expérience que nous pouvons faire d'un récipient :

> « Vous dites que quelqu'un a le sentiment : « Je ne sais pas, je suis dans la confusion », et vous admettez ainsi qu'il visualise son ignorance et sa confusion ; en d'autres termes, celles-ci deviennent les objets de son expérience. Alors comment l'ignorance et la confusion, qui sont des objets, pourraient-elles être en même temps une description du sujet, de celui qui perçoit ? Si en revanche elles constituent une description du sujet, comment pourraient-elles être des objets perçus par le sujet ? Un objet est perçu par une action du sujet. L'objet est

une chose, et le sujet en est une autre ; le sujet ne peut pas être perçu par lui-même[10]. »

Ainsi, par ce processus logique de *dṛg-dṛśya viveka* (discerner entre celui qui voit et ce qui est vu, entre celui qui perçoit et ce qui est perçu, entre celui qui connaît et ce qui est connu) nous constatons que rien de ce dont nous faisons l'expérience ne peut être qui nous sommes. Le Vedānta demande : « Comment savez-vous que ce n'est pas vous ? » et répond : « Si vous en faites l'expérience, ce n'est pas vous. » Tous nos attributs physiques appartiennent au corps physique et ne sont pas nous. Toutes nos émotions et nos sentiments appartiennent au mental et ne sont pas nous. Toutes nos pensées et nos idées appartiennent à l'intellect et ne sont pas nous. Toute la joie que nous pouvons ressentir est de même un objet et n'est pas nous.

On désigne souvent cette manière d'apprendre à discerner comme le processus de *neti neti* (pas ceci, pas cela) [11]. Amma elle-même fait souvent

[10] Commentaire de Śaṅkarācārya sur la Bṛhadāraṇyaka, 4.4.6

[11] Bṛhadāraṇyaka Upaniṣad, 2.3.6

référence à cette méthode de discernement entre le non-Soi et le Soi. Elle raconte même une histoire qui illustre cette méthode. « Nous avons besoin de *viveka*, dit Amma ; il faut comprendre que nous ne sommes pas cet individu limité, mais quelque chose qui le transcende. Tant que l'on n'est pas parvenu à connaître *cela*, il faut continuer à discerner. Un père tombe un jour malade, et son fils va chercher des médicaments à la pharmacie. Quand il revient, il n'y a plus d'électricité. La pièce est dans le noir complet. Une fois qu'il arrive à la porte, son problème est de trouver son père qui doit prendre le remède tout de suite. Le fils entre dans la chambre mais il ne voit pas le lit. Alors il tâtonne et touche tous les objets à sa portée et en premier, la chaise. « Non, mon père n'est pas là. » Puis c'est la table. De nouveau : « C'est la table. Mon père n'est pas là. » Puis il arrive à l'armoire et dit : « C'est l'armoire. Mon père n'est pas là. » Et de cette façon, il s'achemine peu à peu vers son père. Finalement, il arrive au lit et peut donner le médicament à son père. De manière similaire, il nous faut discerner, *neti neti*, « Je ne suis pas ceci, je ne suis pas ceci. » Nous voyons ainsi clairement : « Je ne suis pas le corps, je ne suis pas le mental, je ne suis pas l'intellect. Ma véritable nature est l'*ātmā* ». Si nous persistons à discerner ainsi, nous transcenderons peu à peu tout cela. »

Par ce processus, nous voyons que nous ne sommes rien de ce que nous pensions être : ni le corps ni le mental, ni les organes des sens ni l'intellect, pas même celui qui accomplit des actions et en récolte les fruits. Et de même, tous les attributs du mental : la peur, la jalousie, la colère, la dépression, la frustration, l'ignorance… ne sont pas mes attributs. Ce ne sont que des attributs changeants de la substance appelée « mental ». Je suis le témoin du mental et de ses attributs changeants. Nous arrivons ainsi à une vérité très énigmatique, diamétralement opposée à notre manière initiale de penser. Auparavant, nous pensions : « Je fais l'expérience de la tristesse, donc je suis triste ». Maintenant, en adoptant la vision du discernement védāntique, nous prenons conscience de ce fait : « Je fais l'expérience de la tristesse, donc je ne suis pas triste ». Si c'était l'*ātmā* qui était triste, il faudrait un autre *ātmā* qui connaisse l'*ātmā* attristé. Connaître cet *ātmā* exigerait l'existence d'un autre *ātmā* et ainsi de suite, aboutissant à l'illusion logique d'une régression à l'infini.

Une histoire illustre cela. Un homme d'affaires sombre dans une profonde dépression. Il a consacré sa vie entière à accumuler, à amasser une fortune toujours plus grande. Puis un jour, il tombe malade. Il va chez le médecin qui lui annonce : « Je suis vraiment désolé, mais il vous reste tout au plus six mois à vivre ». En un éclair, l'homme d'affaires voit défiler toute sa vie. Il se rend compte que tout son argent lui sera bientôt inutile. Ses voitures de luxe, ses montres Rolex, sa femme à la grande beauté, il ne pourra rien emporter avec lui. Pendant environ un mois, il patauge dans la dépression. Puis un ami lui dit : « Hé, tu ne peux pas continuer à vivre ainsi. J'ai entendu parler d'un *sādhu* qui vit dans la forêt, pas loin d'ici. On dit qu'il est plein de sagesse. Il pourra peut-être t'aider ». Ils partent donc pour la forêt et trouvent bientôt le *sādhu*. L'homme lui confie son problème, sa maladie et sa profonde dépression. Le *sādhu* dit : « Ainsi, vous faites l'expérience de la dépression ? ». L'homme d'affaires répond :

« Oui, c'est pour cela que je suis venu, pour être soulagé ». Le *sādhu* dit alors : « Eh bien, si vous faites l'expérience de la dépression, vous ne pouvez pas être déprimé ». Et le *sādhu* lui explique tout ce dont nous avons discuté : comment le sujet ne peut pas être son propre objet, etc. Et l'homme d'affaires exulte soudain. Il se rend compte qu'il n'était pas déprimé : son mental était déprimé. Et cette compréhension suffit à réduire le tumulte qui régnait dans son mental. Ensuite, il se rend compte que sa maladie même appartient au corps, qui n'est pas lui non plus. Lui-même, le vrai Soi, n'est pas malade du tout. Et ce changement dans sa compréhension des choses le rend encore plus heureux. Finalement, l'homme d'affaires tombe aux pieds du *sādhu* et dit : « Ô Swāmīji, vous êtes un vrai maître éveillé. Je suis dans la béatitude ! » Et à cela, le *sādhu* répond : « Non, vous n'êtes pas dans la béatitude. Vous êtes celui qui est conscient de la béatitude qui se reflète dans le mental. Vous, le sujet éternel, ne pouvez pas être l'objet de votre propre expérience ».

3

Un tissu coupé en deux

Amma nous dit souvent d'utiliser *siṁhāvalokana-nyāya*, le principe du lion qui regarde en arrière. Quand il avance, un lion s'arrête de temps en temps et regarde par-dessus son épaule. Amma dit que nous devrions faire la même chose dans la vie spirituelle. Il faut parfois s'arrêter et jeter un regard en arrière pour voir où on en est et s'assurer que l'on progresse. Donc, avant de continuer, prenons un temps pour réviser tout ce que nous avons vu.

Nous voulons connaître la vraie nature du Soi parce que les *mahātmās* et les Écritures nous ont dit : « *tarati śokam ātmavit*, celui qui se connaît lui-même transcende la souffrance ». Mais on nous a également dit qu'il était impossible de connaître le Soi comme on connaît un objet du mental ou des sens. Nous avons donc décidé que la meilleure façon d'y parvenir était via le processus d'élimination, en éliminant les choses qui ne peuvent pas être le Soi. Dans ce but, nous avons appliqué la méthode qui consiste à se distinguer de tous les objets de notre expérience. Nous l'avons fait en comprenant la vérité logique que le sujet qui fait l'expérience ne peut pas être l'objet de l'expérience.

Nous avons ainsi éliminé tous les suspects habituels : le corps physique, la force vitale qui maintient le corps en vie, le mental et l'intellect, notre sentiment d'être un individu doté de la notion « Je suis celui qui agit, qui fait l'expérience, qui pense ». Nous avons même éliminé le bonheur dont nous faisons l'expérience, sachant qu'il ne peut pas être notre Soi. Tout cela pour la même raison, d'une logique à toute épreuve : « Cela est l'objet de mon expérience ; cela ne peut donc pas être moi ».

C'est là que certains sont troublés, parce qu'il semble peu à peu que nous ne soyons rien du tout : rien qu'un oignon dépourvu de centre. Tout ce que nous connaissons a été logiquement nié et pelé comme une peau : Ce n'est pas moi. L'idée qu'en définitive nous ne sommes rien est appelée *śūnya-vāda*, la théorie du vide. En fait, de grands adeptes de la logique ont conclu que c'était la réalité. Heureusement, d'autres qui les surpassent, comme Śaṅkarācārya, viennent à notre secours avec la parabole du 10ème homme[12].

Dix *brahmacārīs* voulaient se rendre en pèlerinage dans un temple situé à une journée de marche. Le *guru* confia au plus ancien la responsabilité de s'assurer qu'ils reviennent tous sains et saufs. Ils se mirent en marche. Quelques heures plus tard, ils arrivèrent à une rivière ; ils n'avaient pas d'autre choix que de la traverser à gué. Arrivé sur l'autre rive, le *brahmacārī* responsable se dit qu'il valait mieux compter tout le monde, afin de s'assurer que personne ne s'était noyé.

Mais quand il compta, il ne trouva que neuf personnes. Il fut pris de panique : « Oh non ! Un de nous s'est peut-être noyé ! Qui manque ? » Dans sa frayeur, il recompta mais de nouveau, il ne trouva que neuf personnes. Le passeur du village arriva. En voyant leur panique, il demanda

[12] La parabole du dixième homme est mentionnée par Śaṅkarācārya dans ses commentaires sur la Bṛhadāraṇyaka Upaniṣad, 1.4.7, sur la Taittirīya Upaniṣad, 2.1.1, ainsi que dans son traité Upadeśa Sāhasrī. L'histoire entière est raconté au chapitre sept d'un traité du 14ème siècle appelé Pañcadaśī, écrit par Swāmī Vidyāraṇya.

aux disciples quel était le problème. Le plus ancien *brahmacārī* le lui expliqua. Le batelier éclata aussitôt de rire : « Tu es un sot ! Tu ne t'es pas compté. Le 10ème homme, c'est toi ». C'est exactement ce qui arrive quand, après avoir discerné entre les *pañcakośas* et soi-même, on panique et on pense : « Mon Dieu ! Les nihilistes avaient raison ; en définitive, il n'existe réellement rien d'autre que le néant ». Heureusement, exactement comme le disciple responsable, on oublie dans ce cas de se compter soi-même. Ainsi, même dans le soi-disant *śūnyaṁ* (le vide, la vacuité, le néant) en réalité, nous sommes encore là, en train d'observer le *śūnyaṁ*. Si tel n'était pas le cas, qui donc pourrait observer ce *śūnyaṁ* ? Donc, quand nous éliminons tous les objets de notre expérience, ce qui reste, c'est nous-même, le sujet ultime, l'observateur, la conscience-témoin. C'est ce que nous sommes : la pure Conscience absolue, qui n'est jamais un objet mais toujours le sujet. Amma dit : « Quand on réalise la vérité « Je ne suis pas le corps ; je suis le Soi, la pure Conscience », alors la vraie connaissance s'est éveillée ».

Aussi simple que cela paraisse sur le papier, il n'est pas facile d'assimiler cette connaissance. C'est que tout ce que nous avons connu jusqu'à présent, depuis des temps immémoriaux, a toujours été un objet.

Il est donc tout naturel pour nous de chercher à connaître l'*ātmā* comme un autre objet. Toutefois, « connaître le Soi », ce n'est pas comme connaître un autre objet, parce que la « chose » à connaître n'est pas une « chose ». C'est *Ce* qui connaît toute chose. Dans toutes les autres formes de connaissance, nous réifions l'entité connue. Là, nous saisissons qu'il s'agit du sujet.

Le fait de nier tous les phénomènes perçus et de conclure que l'on est la conscience-témoin, telle est l'essence du *stotraṁ* (hymne) Nirvāṇa Ṣaṭakam, écrit par Śaṅkarācārya, qu'Amma chante régulièrement :

manobuddyahaṅkāra cittāni nāhaṁ
na ca śrotra-jihve na ca ghrāṇa-netre |
na ca vyoma bhūmirna tejo na vāyuḥ
cid-ānanda-rūpaḥ śivo'haṁ śivo'ham ||

na ca prāṇa-saṁjño na vai pañca-vāyuḥ
na vā sapta-dhātuḥ na vā pañcakośaḥ |

na vāk-pāṇi-pādaṁ na copasthapāyu
cid-ānanda-rūpaḥ śivo'haṁ śivo'ham ||

na me dveṣa-rāgau na me lobha-mohau
mado naiva me naiva mātsarya-bhāvaḥ |
na dharmo na cārtho na kāmo na mokṣaḥ
cidānanda-rūpaḥ śivo'haṁ śivo'ham ||

Je ne suis ni le mental ni l'intellect, ni l'ego (*ahaṅkāra*) ni la mémoire ;
Je ne suis ni les oreilles, ni le sens du goût, ni le nez ni les yeux ;
Je ne suis pas les éléments : l'éther, la terre, le feu, l'eau ou l'air ;
Je suis Śiva, dont la nature est pure Conscience-Béatitude ; je suis Śiva.

Je ne suis ni ce qu'on appelle le *prāṇa*, ni les cinq souffles vitaux, ni les sept éléments du corps ni les *pañcakośas* (cinq enveloppes).
Je ne suis ni l'organe de la parole, ni les mains ni les pieds, ni le sexe.
Je suis Śiva, dont la nature est pure Conscience-Béatitude ; je suis Śiva.

Je n'éprouve ni attraction ni répulsion, ni avidité ni illusion ;
Je n'ai ni arrogance ni même le sentiment de jalousie.

> Je n'ai nul besoin du *dharma*, de la sécurité, des plaisirs ou de la libération
> Je suis Śiva, dont la nature est pure Conscience-Béatitude ; je suis Śiva.

Le processus de négation décrit dans ces versets nous laisse avec la conviction : « Je suis la seule chose qui demeure une fois que tout le reste a été nié : Je suis la pure Conscience ». Mais Śaṅkarācārya ne dit pas seulement *cid-rūpa* (notre nature est Conscience). Il dit *cid-ānanda-rūpa* (notre nature est conscience- béatitude). Et que cherchions nous au départ ? Nous ne cherchions pas la conscience. Notre quête, la quête de toute l'humanité, est une quête de la béatitude, du bonheur, de la paix, d'un sentiment d'amour infini. Correct ? Alors où est la béatitude ?

En vérité, grâce à ce processus de discernement, *ātma-anātma viveka*, on peut obtenir une immense quantité de paix et de bonheur. Si nous menons à bien le processus qui consiste à différencier ce que nous sommes du complexe corps-mental, c'est vraiment un grand bond en avant dans notre progrès spirituel. Parce qu'à l'aide de ce seul outil, nous comprenons que tous « nos » soi-disant problèmes ne sont pas du tout « nos » problèmes. Les problèmes physiques (problèmes de santé, problèmes de beauté, etc.) appartiennent soit au corps physique soit au corps physiologique. Ils ne sont pas moi. Les problèmes émotionnels (colère, jalousie, complexe d'infériorité, anxiété) appartiennent au mental. Ils ne sont pas moi. Pas plus que les problèmes cognitifs (problèmes de mémoire, de compréhension, etc.) Ils ne sont pas moi. Et qu'en est-il de mes problèmes relationnels ? Les problèmes avec les amis, la famille et les collègues ? Ces problèmes sont-ils mes problèmes, les problèmes de la pure conscience ? Impossible. Toutes les relations reposent sur l'ensemble corps-mental, ce sont des connections établies au niveau physique, émotionnel ou intellectuel. De tels problèmes ne sont donc pas non plus mes problèmes.

Comme le dit Amma : « Quand nous savons que nous sommes au-delà du corps, que nous sommes le Principe éternel, la Conscience suprême, et que rien ne peut toucher notre vraie nature, le sentiment d'insécurité disparaît. Avec une telle conviction, quelle que soit la situation, il n'y a aucune peur. Même s'il se produit un tremblement de terre ou un tsunami, on est capable de l'accepter car on sait que cela affecte uniquement l'extérieur, que rien n'atteint notre Soi réel. On surmonte alors toutes les formes de peur et d'insécurité, qu'il s'agisse de la peur de perdre sa position sociale ou de la peur de la mort. Toutes ces peurs s'évanouissent quand on sait que notre vraie nature est au-delà de toutes ces modifications. Quand on comprend que rien ne peut atteindre ce Principe éternel, on n'éprouve aucune peur, quelle que soit la situation. Des expériences telles que le bonheur et la souffrance, les insultes et les louanges, la chaleur et le froid, ne font alors que nous traverser. On est au-delà, on reste le témoin, le substrat de toute expérience, qui observe tout comme un enfant joueur. »

Bien sûr, c'est en Amma que nous voyons à quel point on peut être en paix quand on n'est pas identifié à l'ensemble corps-mental et aux problèmes sans fin du monde. En voici un exemple. Au Kérala, la presse à scandale en malayalam abonde. La majorité de ces journaux à sensation, sans aucune honte, défend des idéologies. Et pour certains de ces groupes, quelle qu'en soit la raison, l'idée qu'il existe quelque chose comme la Réalisation du Soi, qui culmine dans un altruisme divin, est une abomination. Et donc, de temps à autre, ils prennent Amma pour cible dans des articles qui ne sont aucunement fondés sur des faits. Récemment encore, quelqu'un a écrit qu'Amma avait déclaré qu'elle ne mourrait jamais parce qu'avant cela, elle se transformerait en une pierre noire. (Il est clair que celui qui a écrit cela a une pierre à la place du cerveau). Bien évidemment, Amma ne dirait jamais une chose pareille. Il voulait simplement ridiculiser Amma pour anéantir la foi des dévots. Alors ceux-ci pourraient envisager d'adhérer à son parti politique, qui est fermement athée et qui affirme que la Réalisation du Soi n'existe pas.

Il y a environ trente ans, un journal de ce type publia un récit malveillant, qui attaquait la personnalité d'Amma. Les journaux étaient alors très rares à l'*āśraṁ*, mais certains dévots qui avaient lu l'article en furent profondément blessés et m'en informèrent. En lisant leur lettre, la colère s'empara également de moi. Dès que j'en ai eu l'occasion, je suis allé voir Amma pour lui dire ce que le journal avait écrit. La principale allégation, c'était qu'Amma et les résidents de l'*āśraṁ* avaient creusé un tunnel sous l'*āśraṁ* par lequel on faisait passer des drogues en contrebande jusqu'au milieu de la Mer d'Arabie, où un bateau aux ordres de la CIA venait les chercher pour les emporter en Amérique. Le journaliste utilisait en outre le prénom de naissance d'Amma, Sudhamani, ce qui était un manque total de respect.

Quand j'ai eu fini d'informer Amma, elle a dit : « Mais, fils, tu sais que rien de tout cela n'est vrai. Pourquoi est-ce que cela te dérange ? »

J'ai dit : « Amma, peu importe. Je ne peux pas supporter que l'on insulte ton nom. » Alors Amma a dit quelque chose qui m'a complètement sidéré. « Pourquoi devrais-je me sentir insultée ? Je ne suis pas Sudhamani. » C'était une expression du discernement (*viveka*) d'Amma. Elle me rappelait qu'elle s'identifie à la pure Conscience qui est le Soi. Si quelqu'un pense attaquer Amma en insultant ou en se moquant de cette forme féminine d'un mètre cinquante à la peau sombre, portant un anneau de nez, il n'est qu'un sot.

Un réalisateur qui tournait un documentaire sur l'harmonie entre les religions a ainsi demandé à Amma de se présenter en disant : « Bonjour, je m'appelle Sri Mata Amritanandamayi Dévi, je suis indienne et je suis un guide spirituel hindou qui dirige aussi des œuvres caritatives. » De sa vie, Amma n'a jamais rien dit de tel. Elle s'est donc contentée de rire quand le réalisateur lui a demandé de prononcer cette phrase. Mais elle s'est ensuite rendu compte que chaque partie du documentaire montrait des gens de religions différentes qui se présentaient ainsi ; elle a eu de la compassion pour le réalisateur et n'a pas voulu ruiner ses plans. Alors soudain, Amma a dit : « Cette forme visible, les gens l'appellent Amma ou Mata Amritanandamayi Devi ; mais le Soi qui demeure à l'intérieur n'a ni nom ni adresse. Il est omniprésent ».

Grâce à *ātma-anātma viveka*, il nous faut peu à peu commencer à voir les choses de cette manière. Cela ne signifie pas qu'il faut abandonner toute notion de responsabilité. Il faut gérer dans toute la mesure du possible la plupart de nos problèmes, et il faut le faire en se conformant au *dharma*. Entretenons nos relations, prenons soin de notre santé, de notre famille et de notre compte en banque. Assumons nos responsabilités au travail et, en tant que chercheur spirituel, assurons-nous que nous faisons tout notre possible pour développer et conserver un mental discipliné, paisible, riche des valeurs universelles. Mais à qui incombe ce devoir ? Ce n'est pas à nous car même cela n'est pas nous. C'est un devoir qui incombe à l'ego, *ahaṅkāra*. Nous sommes celui qui observe les efforts de l'*ahaṅkāra,* ses succès et ses échecs. Si on pratique ainsi la contemplation sur ces sujets, on découvre que cette réflexion crée au moins un minuscule espace entre nous-même et nos problèmes. Si l'on adhère à cette vision des choses, cet espace grandira peu à peu. Au niveau de l'ego, nous remplissons nos devoirs intérieurs et extérieurs. Mais au niveau du Soi réel, que nous venons de découvrir, il n'y a rien à faire. Nous ne sommes que le témoin que rien ne trouble jamais, même si le mental est agité. Tout ce que nous observons, même le mental rempli de stress et d'une tension extrême, ce n'est pas nous. Nous sommes uniquement la Conscience-témoin.

De cette manière, nous réduisons l'univers entier à deux choses : la Conscience-témoin dont on ne peut faire l'expérience, et tout le reste. Actuellement, nous considérons tout ce qui est extérieur à notre corps comme le monde. Mais à ce premier stade du Vedānta, nous apprenons à repousser dans le monde extérieur tout ce que, par manque de discernement, nous considérions auparavant comme faisant partie de nous-même. Le corps, la force vitale, le mental, l'intellect et même la notion d'être celui qui agit, tout cela, nous ne le considérons plus comme « moi ». Exactement comme nous avons toujours perçu et compris le monde comme séparé de nous, nous percevons désormais l'ensemble corps-mental comme séparé de nous. C'est simplement une partie du cosmos à laquelle moi, la Conscience-observateur, j'ai un accès plus intime.

Cette opinion est exprimée en plusieurs endroits dans la Gītā :

naiva kiṁcit-karomīti
yukto manyeta tattvavit |
paśyañśṛṇvan-spṛśaṇ-jighran
aśnan-gacchan-svapañśvasan ||

pralapan-visṛjan-gṛhṇan
unmiṣan-nimiṣannapi |
indriyāṇīndriyārtheṣu
vartanta iti dhārayan ||

Le sage centré dans le Soi devrait penser « Je ne fais rien du tout », bien qu'il voie, entende, touche, sente, mange, marche, dorme, respire, parle, évacue, retienne, ouvre et ferme les yeux ; il a la ferme conviction que ce sont les sens qui se déplacent parmi les objets des sens[13].

Et :

tattvavit-tu mahābāho
guṇa-karma-vibhāgayoḥ |
guṇā guṇeṣu vartanta
iti matvā na sajjate ||

Quoi qu'il en soit, Ô Arjuna aux bras puissants, celui qui connaît la vérité concernant la différence entre (lui-même) et les guṇas et entre (lui-même) et le *karma*, pense « Ce sont les organes qui reposent sur les objets des sens » et il ne s'attache pas[14].

[13] Bhagavad-Gītā, 5.8-9

[14] Ibid, 3.28

En fait, chaque fois que nous nous réveillons, c'est notre expérience. Dans le sommeil profond, tout ce dont on peut faire l'expérience est dissout : le monde a disparu. Le corps et les sens ont disparu. Même le mental et la notion d'être un individu ont disparu. La seule expérience est l'ignorance et une paix intemporelle, pleine de béatitude. Mais ensuite, nous nous réveillons et un par un, tous les phénomènes observables reviennent.

Le premier à revenir est l'*ahaṅkāra,* la notion du « moi » en tant qu'individu limité. Puis, avant même que nous ouvrions les yeux, la mémoire revient et nous rappelle les relations que nous avons avec d'autres personnes et avec le monde. Et dans le même temps, toutes les obligations liées à ces relations nous reviennent en mémoire. Nous nous rappelons soudain que nous devons aller travailler, donner à manger au chien, emmener les enfants à l'école, etc. Puis nous ouvrons les yeux, et le monde apparaît. Le monde que nous considérons toujours comme différent de « moi ». Mais si nous réfléchissons au processus du réveil, nous pouvons voir que toutes ces autres couches d'expérience, elles aussi, sont différentes de « moi ».

Cela me rappelle une histoire drôle. Un homme est convoqué devant le tribunal pour avoir donné un coup de pied à un autre. Après avoir écouté le plaignant, le juge demande à l'accusé : « Pourquoi avez-vous fait cela ? »

L'homme répond : « Ce n'est pas moi. C'est ma jambe. »

Le juge regarde l'homme en souriant et dit : « D'accord, tu es un sage. Alors la jambe peut aller en prison, avec ou sans toi ! »

Mais l'accusé, sans se démonter une seconde, dévisse sa jambe artificielle et la tend au juge.

Ne prenez pas cette blague au sérieux. Un vrai *mahātmā* ne commettrait jamais un crime, n'essaierait jamais de nier sa responsabilité sous prétexte qu'il n'est pas, en définitive, identifié au corps. Les années de discipline du mental et des sens exigées pour atteindre cette réalisation et s'y ancrer l'ont rendu incapable de faire du mal aux autres, que ce soit en pensée, en paroles ou en actions. En outre, dans sa perception, ils ne fait qu'un avec tous les êtres et ne peut donc pas faire de mal à une mouche.

Swamini Srilakshmi Prana, qui effectue le service personnel d'Amma, dit qu'Amma lui a même demandé de mettre les moustiques dehors en les portant à la main. Telle est la compassion d'un être qui a vraiment réalisé le Soi. L'histoire de l'unijambiste illustre seulement comment, du point de vue de l'*ātma-jñānī*, le corps, le mental et même la notion d'être celui qui agit et qui récolte les fruits des actions, tout cela fait partie du monde et n'est pas « moi ».

Plus nous réussirons à discerner ainsi, plus nous serons en paix, et heureux. Car en ne s'identifiant plus au corps, au mental et à l'intellect, on crée une distance entre soi et absolument tous les problèmes qui surgissent dans la vie. Nous cessons de nous identifier à nos actions et à leurs résultats. Cette identification est la cause de tout notre stress, de notre fatigue et de notre peur. Si nous cherchons la paix et le bonheur, il est donc très utile d'arriver au vrai Soi en utilisant la méthode d'*ātma-anātma viveka*. Nous avons alors déjà beaucoup progressé.

4

Ai-je atteint l'éveil ?

Dans notre voyage vers la paix et le bonheur, nous avons déjà fait un énorme bond en avant. Nous avons réduit la totalité du réel, avec son nombre infini de parties, à deux éléments : *ātmā* et *anātmā*. On peut nommer cette paire d'opposés de différents noms : le Soi et le non-Soi, l'esprit et la matière, *puruṣa* et *prakṛti*, *sākṣī* et *sākṣyaṁ* (le témoin et ce dont il est témoin), *dṛg* et *dṛśyaṁ* (celui qui voit et ce qui est vu), etc.

Quels que soient les mots employés, au final, il s'agit uniquement de l'opposition entre « moi » et « le monde ». Nous avons donc déjà parcouru une longue distance. Mais cette connaissance-là est-elle ce que nous appelons *ātma-jñānaṁ* ? Est-ce la fin de notre voyage ? Nous avons certainement une nouvelle définition de nous-même. Auparavant, la conception que nous avions de nous-même était un mélange de conscience et du complexe corps-mental. Maintenant, nous voyons que nous sommes seulement la conscience. Notre but n'était-il pas d'obtenir une connaissance de nous-même plus profonde, qui ne soit pas erronée ? En fait, dans certaines écoles de pensée spirituelle, cette division est le point culminant. Néanmoins, l'Advaita Vedānta affirme que cette connaissance est malheureusement incomplète. Car bien que nous soyons arrivés à la conclusion que notre vraie nature est pure conscience, nous n'avons que peu, voire aucune compréhension de la nature de la conscience. De plus, nous sommes clairement toujours dans la dualité. Réduire le monde à deux entités n'est pas le réduire à une seule. Et les maîtres spirituels comme Amma et Ādi Śaṅkarācārya affirment tous sans équivoque que la réalité ultime est *advaita* : la non-dualité. Nous demanderons alors peut-être si nous avons vraiment besoin de connaître notre vraie nature de façon aussi détaillée. Savoir globalement « Je suis pure conscience », cela ne suffit-il pas ? Une connaissance générale du Soi est certes utile, mais elle nous laisse insatisfait. Revenons au dialogue entre Maitreyī et Yājñavalkya, qui constitue l'introduction de ce livre. Quand son mari lui offre la moitié de ses biens matériels, elle lui demande :

> yannu ma iyaṁ bhagoḥ sarvā pṛthivī
> vittena pūrṇā syāt syāṁ nvahaṁ
> tenāmṛtā'ho neti |
>
> « Seigneur, si cette terre où les trésors abondent m'appartenait, grâce à cela, pourrais-je oui ou non atteindre l'immortalité[15] ? »

Maitreyī a compris que si elle n'était pas immortelle, à sa mort, tous les trésors de la terre n'auraient plus aucune valeur pour elle. Sa question concerne les conforts et les plaisirs matériels, mais nous pouvons élargir la question à la découverte générale que notre vraie nature est la pure conscience : « Cette conscience que je suis, est-elle éternelle ou non ? » Il s'agit d'une question importante parce que, même si du point de vue ultime, je ne suis pas relié au corps, au mental, aux sens et aux objets des sens et qu'ils ne m'affectent pas, si la conscience s'éteint à la mort du corps, quelle est la différence entre notre vision des choses et celle d'un athée ? Comment

[15] Bṛhadāraṇyaka Upaniṣad, 4.5.3

la spiritualité me rendra-t-elle intrépide si je suis toujours, consciemment ou inconsciemment, dans la crainte de mon inévitable destruction ? Et donc, au moins en termes de ma longévité, j'ai besoin de connaître la nature spécifique de cette conscience. En outre, je suis peut-être pure conscience, mais qu'en est-il de ceux que j'aime ? Sont-ils aussi pure conscience ? Si oui, la pure conscience que je suis est-elle différente de la pure conscience en eux ? Et quelle est cette « unité » dont parlent les maîtres spirituels ? Toutes ces questions ne peuvent être clarifiées que si la connaissance générale que nous avons de notre nature est raffinée et devient une connaissance plus détaillée et spécifique. Au début de notre voyage, nous avons opté pour le modèle de *dṛg-dṛśya viveka* afin de parvenir à la connaissance de notre vraie nature, parce que cette méthode n'exigeait pas la connaissance des Écritures du Vedānta ou la foi dans les enseignements des maîtres spirituels. Tout ce dont nous avions besoin, c'était d'observer et d'appliquer la logique. Certes, cette méthode nous a bien servi. Néanmoins, pour la suite du voyage, la pure logique s'avère insuffisante. Comme le dit la Kaṭha Upaniṣad :

> naiṣā tarkeṇa matirāpaneyā proktānyenaiva sujñānāya preṣṭha |
>
> Mon cher, cette connaissance, on ne peut pas l'atteindre grâce à la logique ; c'est seulement quand quelqu'un d'autre, qui est établi dans la vérité, nous l'enseigne, que cette connaissance devient claire[16].

Cela ne signifie pas que nous allons rejeter la logique. Nous la garderons comme un outil indispensable. Toutefois, au lieu de l'utiliser uniquement pour analyser des données obtenues par les organes des sens, nous l'utiliserons aussi pour analyser des données tirées des Écritures.

Dans le Vedānta, nous entendons souvent le dicton *śruti-yukti-anubhava* en ce qui concerne la connaissance du Soi. Cela signifie que nous devons employer *śruti*, les vérités des Écritures, *yukti*, la logique, et *anubhava*, l'expérience. Bien que nous utilisions les trois, nous affirmons malgré tout qu'*ātma-jñānaṁ* ne peut provenir

[16] Kaṭha Upaniṣad, 1.2.9

que de la connaissance des vérités des Écritures. Là, la logique et l'expérience passent au second plan. Nous utilisons encore la logique, mais c'est en premier lieu pour défendre le point de vue du *guru* et des Écritures contre des opinions qui les contredisent et d'autres confusions. Si la logique et l'expérience ne peuvent pas nous révéler la vérité, elles ne peuvent pas non plus la nier. Si elles paraissent la nier, soit nous avons mal compris l'enseignement, soit notre logique est défectueuse, ou encore nous avons mal interprété notre expérience. Nous ne rejetons jamais la logique ni la valeur de notre expérience objective, mais il faut aussi comprendre leurs limites. En fait, c'est l'une des raisons pour lesquelles le Vedānta ne doit jamais être étudié sans un *guru*. C'est que sans un *guru*, toute la connaissance à laquelle nous avons accès se limite aux perceptions des sens et à la logique pure. Nous n'avons pas accès à la vérité ultime, qui transcende la portée de la connaissance par les sens aussi bien que de la logique. C'est une chose sur laquelle Sankaracarya insiste toujours. Dans son commentaire d'introduction à la Kena Upaniṣad, Śaṅkarācārya déclare que c'est l'une des raisons pour lesquelles les Écritures sont presque toujours présentées sous la forme de dialogues entre un disciple et un *guru*. Là, il dit : « L'enseignement est donné sous la forme de questions et de réponses entre l'élève et le maître, afin qu'il soit plus facile à comprendre car il s'agit d'un sujet subtil, et aussi pour montrer que la logique indépendante ne permet pas de le connaître[17] ».

Dans le domaine de l'introspection spirituelle, l'auto-analyse qui se fonde sur la logique indépendante peut prendre une allure tragi-comique. Amma raconte une blague qui illustre ce fait. Quelqu'un met devant un âne un seau d'eau et un seau de whisky. Il observe que l'âne ne boit que de l'eau et en conclut : « Toute personne qui ne boit pas d'alcool est un âne ». Plaisanterie mise à part, quand Amma affirme que nous avons besoin à la fois de la tête et du cœur, c'est ce qu'elle veut dire : l'auto-analyse logique ne peut nous emmener que jusqu'à un certain point dans la vie spirituelle. « L'intellect

[17] śiṣyācārya-praśna-prativacana-rūpeṇa kathanaṁ tu sūkṣma-vastu-viṣayatvāt sukha-pratipatti-kāraṇaṁ bhavati | kevala-tarkāgamyatvaṁ ca darśitaṁ bhavati |

est comme une paire de ciseaux, dit Amma, sa nature est de couper et de diviser. Le cœur, en revanche, est comme une aiguille qui unit les objets et les gens sur le fil unique de l'amour. Si nous accordons une importance excessive à l'intellect, la vie devient morne et sans attrait. C'est l'amour qui donne à la vie de la douceur et du sens ». Amma ne dit pas que l'intellect est inutile. Les deux ont leur place et leur importance. » Avec les ciseaux de l'intellect, nous nous séparons, nous, la pure conscience, du monde extérieur et de tous les autres aspects de nous-mêmes que nous avions par erreur crus être « moi ». Mais ce processus n'est pas la fin. Pour que notre connaissance soit complète, nous avons besoin de l'aiguille d'Amma. C'est seulement en utilisant l'aiguille que nous abandonnerons *dvaita*, la dualité et arriverons à *advaita*, la non-dualité, l'unité. Pourquoi Amma dit-elle que cela requiert l'intervention du cœur ? Parce que là, nous verrons que la foi dans les enseignements du *guru* et des Écritures est essentiel.

5

L'aiguille et le fil du cœur

L'intellect nous a permis de réduire qui nous sommes à la conscience-témoin. Néanmoins, comme nous l'avons vu, puisque cette conscience-témoin est toujours le sujet et jamais l'objet, sa nature est totalement inconnaissable par les sens ou par le mental. Tout ce que nous savons provient soit directement des sens de la vue, de l'ouïe, etc., ou indirectement, des différentes fonctions cognitives, telles que l'inférence, le postulat, la comparaison, etc.[18] La connaissance obtenue par des moyens indirects exige des données, et ces données ne peuvent être obtenues que par les sens. Voilà pourquoi, pour l'étape suivante, nous avons besoin de la foi. Car le *guru* et les

---

[18] Selon l'épistémologie du Vedānta, il existe six *pramāṇams* ou moyen valable de connaissance. Ce sont *pratyakṣa*, la perception sensorielle ; *upamāna*, la comparaison ; *anupalabdhi*, la non-perception ; *anumānam*, l'inférence ; *arthāpatti*, le postulat ; et *śabda*, le témoignage.

Écritures sont nos seules sources de données en ce qui concerne la nature spécifique de l'*ātmā*.

Le Vedānta parle de deux sortes de connaissance : *pauruṣeya* et *apauruṣeya*. En sanskrit, *puruṣa* signifie « être humain ». *Pauruṣeya* signifie : « Ce qui vient d'un être humain ». Par exemple, « le feu est chaud » est un savoir *pauruṣeya*, facilement accessible à tous les êtres humains. Toute personne dont les facultés fonctionnent correctement peut apprendre que le feu est chaud. Et cette personne peut ensuite l'enseigner à un autre humain. Que nous apprenions cela par notre propre contact avec le feu ou parce que quelqu'un nous en avertit, l'origine de ce savoir est *pauruṣeya*, d'origine humaine. Prenez en revanche la loi du karma : l'idée que toutes nos actions n'ont pas seulement des conséquences perceptibles, dues à notre action sur le plan physique, mais aussi des conséquences subtiles, qui se manifestent plus tard et se fondent sur notre motivation. Bien que, dans le domaine de la spiritualité, le karma soit considéré comme une loi, il ne s'agit pas d'un fait que tout être humain peut vérifier de façon indépendante, comme par exemple « le feu est chaud ». On peut en faire une théorie, mais on ne peut pas connaître cette loi de façon catégorique. Donc, la loi du karma n'est pas un savoir *pauruṣeya* mais un savoir *apauruṣeya*, une connaissance dont l'autorité ne peut pas être d'origine humaine. Une connaissance *apauruṣeya* ne peut avoir que deux sources : les Écritures révélées, comme les Védas, et les êtres humains qui ont atteint cette même connaissance. La majorité des *gurus* ont atteint cette connaissance grâce à la lignée *guru*-disciple. Néanmoins, les Upaniṣads elles-mêmes donnent des exemples d'*ātma-jñānīs* ayant réalisé le Soi par eux-mêmes, comme Vāmadeva, qui atteignit l'éveil alors qu'il était encore dans le ventre de sa mère[19]. Il est précisé qu'il avait étudié avec un *guru* dans sa vie précédente mais qu'à sa mort, quelques obstacles *karmiques* subsistaient, qui l'empêchaient de comprendre. Ces obstacles furent éliminés dans le ventre même de sa mère, et il atteignit donc l'éveil *in utero*. Toutefois, quand nous remontons à la source des enseignements des Upaniṣads, nous découvrons que leur origine, c'est l'enseignement

[19] Aitareya Upaniṣad, 2.1.5

que Dieu Lui-même donna au premier disciple. Donc, si le mental est suffisamment pur, il est peut-être possible d'atteindre *ātma-jñānaṁ* sans *guru*, dans la mesure où Dieu Lui-même viendra vous donner l'enseignement. En ce qui concerne Amma, elle dit : « Dès la naissance, Amma connaissait sa nature réelle et la nature du monde. »

Comment Amma a-t-elle acquis cette connaissance ? Les réponses varient selon les personnes. Certains croient qu'Amma est un *avatāra* de la Mère divine ; alors elle est la seule détentrice de toute connaissance. Quelle qu'en soit la raison, il est clair qu'Amma possède cette connaissance et qu'elle est experte dans l'art de l'enseigner aux autres et de clarifier leurs doutes.

Je me rappelle qu'il y a longtemps, certains érudits s'opposèrent à l'opinion d'Amma concernant un sujet *apauruṣeya* (il s'agissait spécifiquement du fait qu'elle aille contre la tradition en permettant aux femmes d'accomplir certains rituels). Comme l'efficacité d'un rituel est *apauruṣeya*, les règles et les interdits à ce sujet sont forcément eux-aussi *apauruṣeya*. Quand ils refusèrent d'accepter la position apparemment hétérodoxe d'Amma, elle affirma qu'elle possédait une source valable, garantissant son orthodoxie. Quelle était cette source ? Amma déclara : « Śiva m'a dit qu'il n'y avait pas de problème ».

Comprenons ici que la question qui se pose, ce n'est pas : « Comment Amma a-t-elle obtenu *ātma-jñānam* ? », mais : « Comment allons-nous l'atteindre ? ». Nous avons deux options : soit nous étudions les Écritures et les enseignements de notre *guru*, et nous avons foi en eux, soit nous abandonnons la tradition et espérons simplement que nous nous réveillerons un beau matin éveillés. Mais l'opinion des Upaniṣads au sujet de ceux qui espèrent atteindre la connaissance du Soi sans *guru* est claire :

> avidyāyām-antare vartamānāḥ svayaṁ
> dhīrāḥ paṇḍitaṁ manyamānāḥ |
> jaṅghanyamānāḥ pariyanti mūḍhā
> andenaiva nīyamānā yathā'ndhāḥ ||

> Ces sots, dont l'existence est enveloppée par l'ignorance, pensent : « Nous possédons notre propre intelligence, nous sommes instruits ».

> Ils errent, tourmentés, comme l'aveugle guidé par un autre aveugle[20].

Peut-être sommes-nous capables de découvrir le théorème de Pythagore par nous-même, mais ne serait-il pas plus facile d'étudier l'algèbre avec un professeur de mathématiques ? Comme le dit Amma : « Même quand il s'agit de lacer nos souliers, il faut que quelqu'un nous apprenne comment faire. Alors que dire de la réalité ultime de l'univers ? » C'est un sujet qui est toujours source de débat. On peut peut-être conclure sur les paroles suivantes : un jour, à l'*āśram*, nous eûmes une discussion passionnée à ce sujet, à savoir si un *guru* et les Écritures étaient nécessaires. Un visiteur était catégorique sur ce point : ni l'un ni l'autre n'était nécessaire. Comme preuve finale de son opinion, il déclara : « Bouddha et même votre Amma n'ont pas eu besoin de *guru* ! » Ce à quoi l'un des *brahmacārīs* répliqua : « Si tu penses que tu es un Bouddha ou une Amma, bonne chance ! »

---

[20] Muṇḍaka Upaniṣad, 1.2.8, et (avec un mot de différence) Kaṭha Upaniṣad, 1.2.5

« Quelle est la vraie nature de Dieu ? » « Quelle est la vraie nature de l'univers ? » « Quelle est la vraie nature de l'âme, du « Je » ? » « Quelle est la source ultime de notre sentiment d'être limité, frustré, captif ? » « Comment se libérer totalement et à jamais de ce sentiment ? » « Par quels moyens y parvient-on ? » « Quel est le but de la vie humaine ? » Les philosophes peuvent bien élaborer des théories et spéculer sur de tels sujets mais si on aspire à une connaissance réelle, il faut se référer aux Upaniṣads, à des textes subsidiaires comme la Bhagavad-Gītā et aux paroles des *mahātmās* comme Amma. Eux seuls peuvent parler sur de tels sujets avec conviction et une réelle autorité.

S'il suffisait d'un mental pur pour connaître la nature spécifique de la conscience, du Soi, alors pourquoi, dans la Kaṭha Upaniṣad, Naciketā, considéré comme le pinacle du détachement et de la pureté du mental, aurait-il gâché une des faveurs accordées par le dieu de la Mort en lui demandant quelle était la nature du Soi[21] ? La

[21] La Kaṭha Upaniṣad présente un dialogue entre un disciple, Naciketā, qui est un enfant, et le guru Yama, le dieu de la Mort. Dans le récit, Yama accorde à

pureté intérieure est indispensable, c'est certain, mais même pour quelqu'un qui la possède, il est essentiel d'avoir un *guru* qui lui transmette la sagesse. Voilà pourquoi, pour l'étape suivante, la foi est nécessaire. En fait, pour celui qui étudie le Vedānta, la foi, *śraddhā*, fait partie de la liste des qualités essentielles[22]. La foi est vitale, parce que si nous n'ajoutons pas foi aux Écritures ou aux paroles du *guru*, nous ne les considérerons pas comme des sources valables de connaissance. Alors la connaissance de notre vraie nature ne sera jamais fermement établie en nous. Nous souffrirons toujours de doutes. Il est donc essentiel d'être fermement convaincu que les vérités énoncées dans les Écritures sont exactes. Cela ne se produira jamais si nous

Naciketā trois faveurs et Naciketā utilise la troisième pour clarifier ses doutes au sujet de la nature de l'*ātmā*.

[22] Selon la tradition des Upaniṣads, neuf qualités sont requises pour que l'étude du Vedānta soit fructueuse : *viveka, vairāgya, mumukṣutvaṁ, śama, dama, uparama, titikṣā, śraddhā* et *samādhāna*, le discernement, le détachement, le désir pour la libération, la discipline du mental, la discipline des sens, retirer le mental des objets des sens, l'endurance, la foi et la concentration. Il ne faut jamais les abandonner.

considérons la connaissance qu'elles présentent au sujet du Soi comme de simples « théories possibles ». En fait, Amma dit : « Tout exige la foi, même la science qui analyse la matière ». En ce monde, il n'existe pas de preuve ultime de quoi que ce soit. Comment prouver que ce que nous voyons est réel ? Les oreilles peuvent-elles vérifier que c'est vrai ? Comment prouver que ce que les oreilles entendent est réel ? Les yeux peuvent-ils le vérifier ? Même les soi-disant « lois scientifiques » sont établies sur la base « qu'il reste à prouver qu'elles sont fausses ». C'est qu'on ne peut jamais rien prouver à 100%.

Kurt Gödel (1906–1978) était un logicien, mathématicien et philosophe analytique. Il est considéré comme un des logiciens les plus importants qui aient jamais existé. Une de ses principales contributions sont les théorèmes de l'Incomplétude, qu'il a formulés alors qu'il n'avait que vingt-cinq ans. L'essence des théorèmes de l'Incomplétude, c'est que si vous avez un système d'axiomes qui sont cohérents, c'est-à-dire qui ne se contredisent pas, alors ils sont nécessairement incomplets. Un exemple, c'est l'hypothèse de Goldbach, qui dit : « Tout nombre pair entier supérieur à deux est la somme de deux nombres premiers. (Par exemple, 3+5=8. Trois est un chiffre premier. Cinq est un chiffre premier. Huit est un chiffre pair.) Pour des nombres peu élevés, on peut le vérifier directement et faire le calcul soi-même. En 1938, un mathématicien décida de vérifier par lui-même et il est allé jusqu'à $n \leq 10^5$. Avec des ordinateurs, cela a pu être vérifié jusqu'à $n \leq 4\times101^8$. Mais l'hypothèse ne peut pas être prouvée catégoriquement parce que pour cela, il faudrait vérifier des nombres à l'infini. Nous pouvons certes, présumer que c'est vrai, mais cela ne peut pas être prouvé par l'expérience. En réalité, Gödel était un mystique qui croyait en Dieu. Pour lui, les théorèmes de l'Incomplétude étaient une libération, parce qu'ils exigent de capituler devant le mystère, d'accepter qu'il y aura toujours dans la vie un élément de mystère inconnu.

De la même manière, les sciences de la matière sont, elles-aussi, constituées de théories et de lois. Mais aucune d'entre elles n'est considérée comme sacro-sainte. Il y a toujours une chance que quelqu'un puisse réfuter l'une d'entre elles.

Les sciences de la matière sont donc toujours, c'est bien reconnu, en cours d'élaboration. Alors que de nombreuses théories scientifiques, bien qu'elles aient été scrupuleusement examinées, résistent encore à l'épreuve du temps, d'autres, après avoir prévalu un certain temps (comme le modèle géocentrique de l'univers, etc.) ont été progressivement abandonnées et remplacées par de nouvelles théories plus plausibles. Ainsi, comme le dit Amma : « La foi n'est pas l'apanage exclusif de la spiritualité. Nous sommes tous assis ici paisiblement parce que nous avons foi qu'il n'y aura pas de tremblement de terre. Si nous prenons l'avion, c'est parce que nous avons foi qu'il ne va pas s'écraser ».

Je me souviens qu'un jour, alors que nous discutions de quelques points subtils de l'Advaita avec Amma, et plus particulièrement du fait que le Soi réel est la source d'où émerge l'univers entier, elle a dit :

« C'est quelque chose que l'on ne peut pas prouver. On peut apporter la preuve d'une solution scientifique et on peut prouver ce qui est perceptible par les sens. Mais l'*ātmā* est au-delà de la science ou de toute perception des sens. On ne peut pas prouver son existence de manière empirique. On peut en faire l'expérience en soi-même ». Puis Amma donna un argument très astucieux. Elle dit : « Mais voyez bien que c'est le mental qui demande une preuve. Le mental, qui est *mithyā* (irréel), exige que l'on prouve *satyaṁ* (la réalité) ! »

Ainsi, la foi est essentielle. Il appartient à tout chercheur spirituel de réfléchir aux vérités spirituelles qu'il a apprises du *guru* et des Écritures et de les évaluer à la lumière de la logique et de l'expérience. Si nous le faisons sérieusement, peu à peu, nous apprécierons ces vérités et les considérerons comme des théories plausibles. Notre logique et notre expérience ne les réfuteront pas. Vous pouvez bien tenter de les réfuter, mais vous allez échouer. Et en même temps, vous ne réussirez pas non plus à les prouver. Aucune personne ayant compris le Vedānta n'a jamais pu le réfuter, parce que ni la logique ni notre expérience ne le contrediront jamais. Néanmoins, nous ne pouvons pas considérer les vérités spirituelles comme de simples hypothèses de travail. Si nous le faisons, nous ne serons jamais vraiment convaincus.

Acceptons-les comme des vérités, comme des enseignements parfaits donnés directement par Dieu. Observez dans quelle mesure ces vérités sont conformes à la logique et à l'expérience ; et de plus, voyez que ni la logique ni l'expérience ne peuvent les réfuter. Ensuite, grâce à votre foi en leur source, soyez convaincu qu'elles exposent la réalité ultime concernant votre vraie nature. Ainsi, avoir foi en les Écritures et en son *guru* revient à acquérir un sixième sens. De même que les yeux nous révèlent le monde visible et nos oreilles le monde du son, le *guru* nous révèle le monde de la connaissance *apauruṣeya*, la vérité du Soi. Ainsi, les Écritures et le *guru* deviennent un miroir qui nous permet de voir, pour la première fois, notre vrai visage.

6

Le reflet de notre vrai visage

Dans les Écritures, la majorité des affirmations au sujet de notre vraie nature sont négatives. Prenez par exemple ce mantra célèbre de la Muṇḍaka Upaniṣad :

> yat-tad-adreśyam-agrāhyam-agotram-
> avarṇam-acakṣuḥśrotraṁ tad-apāṇi-pādam |
>
> Ce qui est imperceptible, insaisissable, sans cause, sans qualité, qui n'a ni yeux ni oreilles, ni pieds ni mains[23].

Toutes les descriptions énoncent ce que le vrai Soi n'est pas. De telles déclarations sont en accord avec notre *dṛg-dṛśya viveka* (le fait de discerner entre celui qui voit et ce qui est vu), parce que les Écritures, elles aussi, écartent tous les objets perceptibles qui ont des attributs. Comme nous l'avons déjà dit, si on peut le voir, l'entendre ou le goûter, ce n'est pas le vrai Soi. De même, si

[23] Muṇḍaka Upaniṣad, 1.1.6

vous pouvez le tenir physiquement, en parler, le lâcher, ce n'est pas le vrai Soi. Si cela a une origine, un parent ou quelque chose qui l'a généré, ce n'est pas le vrai Soi. En outre, si cela possède des organes de perception comme les yeux ou les oreilles, des organes d'action comme les mains ou les pieds, ce n'est pas le vrai Soi.

Les Écritures utilisent essentiellement cette méthode de négation parce que les sages savent que quand on parle d'une chose en la définissant, on la limite forcément dans une certaine mesure. Qu'est-ce que le vrai Soi ? C'est vous, ni plus, ni moins. Donc, si vous voulez savoir ce que c'est, sachez qui vous êtes. Il n'y a pas d'autre voie. Les saints et les sages de jadis ont donc pensé qu'il était plus sûr d'aider les gens à comprendre ce que le vrai Soi n'était pas, plutôt que ce qu'il était. Donc : *adreśyam-agrāhyam-agotram-avarṇam-acakṣuḥśrotraṁ tad-apāṇi-padam ;* imperceptible, insaisissable, sans cause, sans qualité, qui n'a ni yeux ni oreilles, ni pieds ni mains, etc. Car si nous affirmons que le Soi est ceci ou cela, alors nous le considérerons comme un objet et partirons en quête de cet objet. Mais il ne s'agit pas d'un objet que l'on trouverait ici ou dans un autre monde, ou encore en méditation. C'est vous, le sujet. Pour reprendre le dicton : « Le chercheur est ce qu'il cherche ». En conséquence, les *gurus* et les Écritures s'efforcent d'éviter autant que possible les déclarations affirmatives.

Récemment, pendant le *darśan,* un dévot est venu demander à Amma : « Amma, qui suis-je ? »

La réponse d'Amma fusa automatiquement : « Tu es moi ».

Le dévot a souri mais il voulait qu'Amma lui en dise plus. Secouant la tête pour exprimer son incrédulité, il a dit : « Amma peut-elle expliquer cela ? »

Amma a dit : « Si j'explique, alors il n'y a plus un seul mais deux. »

Cela m'a rappelé une autre anecdote. Il y a quelques années, au cours d'une des tournées d'Amma en Inde, une petite fille s'est approchée d'Amma par le côté pendant le *darśan.* Il n'y avait pas un centimètre carré libre, mais cette petite fille a pourtant réussi à arriver près du siège d'Amma. Au bout d'un moment, elle a dit à Amma qu'elle avait une question à lui poser. Amma a souri et a fait un signe de tête pour l'encourager. Puis elle s'est penchée vers la droite, pour que l'enfant puisse lui parler directement à l'oreille. Tout le monde regardait Amma, tandis qu'elle écoutait avec une grande attention, en hochant la tête chaque fois qu'elle enregistrait ce que disait la petite fille.

La petite fille avait à peine terminé qu'Amma a répété tout fort pour tout le monde : « Elle dit que selon son père, Amma est Kālī, mais selon sa mère, Amma est leur Mère, et elle veut savoir lequel des deux a raison ! »

Amma a ri de bon cœur avec tous, souriant devant l'innocence de cette enfant. Puis, avec affection, elle a pincé la joue de la petite fille en disant : « Tu veux savoir qui est Amma ? »

L'enfant a ouvert de grands yeux et a hoché la tête.

Amma lui a dit : « Si tu veux savoir qui est Amma, connais-toi toi-même. Alors tu sauras qui est Amma. »

Le Soi est vous. Le Soi est moi. Comprenez qui vous êtes et soyez libres. Néanmoins, au-delà de la démonstration de ce que nous ne sommes pas, si nous désirons acquérir la connaissance de notre essence réelle de manière positive, affirmative, nous découvrons que le *guru* et les Écritures révèlent finalement cette nature. En essence, ils affirment que le Soi est *saccidānanda*, pure existence, pure conscience, pure béatitude (*sat-chit-ānanda)*.

Cit : Pure Conscience

Dans *saccidānanda*, le mot *cit* signifie « pure Conscience ». En fait, avec notre technique de *dṛg-dṛśya viveka*, nous sommes déjà parvenus à cet aspect du Soi et l'avons examiné. En niant tous les phénomènes qui relèvent de l'expérience, nous sommes arrivés au témoin que l'on ne peut pas nier : la Conscience qui éclaire même le vide du sommeil profond. Nous trouvons cependant de nombreuses déclarations dans les Upaniṣads et la Bhagavad-Gītā qui proclament directement cette vérité : « *prajñānaṁ brahma*, la Conscience est Brahman[24] » ; « *tacchubhraṁ jyotiṣām-jyotiṣiḥ*, Cela est le Pur, Lumière de toutes les lumières[25] » ; « *yanmanasā na manute yenāhurmano matam*, Ce qui ne peut pas être

[24] Aitareya Upaniṣad, 3.1.3

[25] Muṇḍaka Upaniṣad, 2.2.9

appréhendé par le mental, Ce par quoi, dit-on, le mental est connu[26] » ; et « *kṣetrajñaṁ cāpi māṁ viddhi sarva-kṣetreṣu bhārata*, Ô Bhārata, comprends que Je suis Celui qui connaît le corps, et cela dans tous les corps[27] ».

Il ne s'agit-là que d'une sélection très limitée. Les Upaniṣads regorgent de tels joyaux, d'affirmations qui révèlent notre vraie nature, laquelle est pure Conscience. Les Upaniṣads proclament unanimement que nous ne sommes ni le corps ni le mental, ni les sens ni l'intellect. Nous sommes la Conscience-témoin qui leur est sous-jacente et qui éclaire constamment leur présence ou leur absence.

Sat : Pure Existence

Sat signifie « pure Existence ». Normalement, quand quelqu'un mentionne l'existence, nous demandons aussitôt : « L'existence de quoi ? » Mais ici, il ne s'agit pas de l'existence en tant qu'attribut d'un objet mais de l'Existence elle-même, de l'entité originelle, dépourvue de nom ou de forme. C'est que l'Existence n'est pas un

[26] Kena Upaniṣad, 1.5

[27] Bhagavad-Gītā, 13.2

attribut du Soi. Comme nous l'avons vu grâce à *dṛg-dṛśya viveka*, le Soi n'a aucun attribut. De même que la Conscience n'est pas un attribut du Soi mais le Soi lui-même, l'Existence, elle aussi, est le Soi. Tel est le sens ultime de *sat*. Il y a dans les Upaniṣads un mantra qui est souvent cité et qui énonce cette vérité :

> sad-eva somyedam-agra āsīd-ekam-
> evādvitīyam |

> Au commencement, mon cher enfant, tout
> cela était pure existence, un sans second[28].

Toutefois, quand nous affirmons que la nature du Soi est Existence, cela signifie aussi que le Soi est éternel. La nature éternelle du Soi est partout proclamée dans les Écritures qui exposent la spiritualité de l'Inde. En fait, c'est même la première chose que Kṛṣṇa dit à Arjuna au sujet du Soi :

> na tvevāhaṁ jātu nāsaṁ
> na tvaṁ neme janādhipāḥ |
> na caiva na bhaviṣyāmaḥ
> sarve vayam-ataḥ param ||

[28] Chāndogya Upaniṣad, 6.2.1

> Ni moi, ni toi, ni aucun de ces princes régnants n'a jamais été sans existence auparavant ; et nous ne cesserons pas non plus d'être à l'avenir[29].

Si Kṛṣṇa choisit d'entamer le sujet en disant cela, c'est probablement parce que la mort est la crainte fondamentale de tout être humain. L'idée que la mort est un anéantissement total est un concept que personne ne peut supporter. Si nous n'avons pas la confirmation de notre immortalité, la peur d'une mort imminente nous ronge constamment et parfois nous submerge, comme le constate Tolstoï dans ces lignes célèbres de son traité intitulé *Confession* : « Puis-je donner un quelconque sens à ma vie qui ne soit pas anéanti par l'inévitabilité de la mort qui m'attend ? » Ou encore, pour reprendre la boutade d'un comédien : « Je n'ai pas peur de la mort. Simplement, je ne veux pas être là quand elle se produira. » La plupart du temps, les gens parviennent à refouler cette peur qui toutefois guette, tapie au plus profond de nous, et influence nos pensées, notre état d'esprit et nos

[29] Bhagavad-Gīta, 2.12

actions, bien que n'en ayons pas conscience. En fait, certains psychologues affirment que toutes les activités humaines sont d'abord et avant tout une tentative de plonger la tête dans le sable et de nier notre mort imminente. Néanmoins, si l'on a confiance dans les enseignements du *guru* et des Écritures, on peut se libérer de telles peurs, parce que les Écritures nous disent que l'*ātmā* est éternel. De même que l'on trouve partout dans les Upaniṣads des mantras qui révèlent que notre vraie nature est Conscience, on y trouve partout des affirmations qui révèlent que nous sommes éternels : *nitya*, éternel ; *amṛta*, immortel ; *ananta*, sans fin ; *śāvata,* intemporel ; *sanātana*, impérissable ; *avināśa,* qui ne connaît pas la destruction ; *avayava,* inaltérable, etc. De telles descriptions de notre Soi réel foisonnent dans les Védas, elles sont innombrables. Amma, elle aussi, sait bien que la majorité des gens ont peur de la mort. Voilà pourquoi, régulièrement, lors de ses programmes, elle rappelle à tous que la mort du corps n'est pas la fin : « La mort n'est pas un anéantissement complet. Elle est comme le point que l'on met à la fin d'une phrase. De même que nous continuons à écrire, la vie continue ». Amma dit encore : « Mourir revient à quitter un compartiment de train pour entrer dans un autre. » Le voyage de la vie continue jusqu'à ce que nous prenions conscience de notre nature réelle.

Quand il s'agit de savoir si l'âme est mortelle ou immortelle, il est impossible de s'appuyer sur la logique pure. La logique peut être un soutien dans notre recherche, mais la confirmation doit venir d'une source qui transcende les limites du mental humain. Aujourd'hui, on attaque trop fréquemment ceux qui ont foi en une vie après la mort en disant que leur foi est aveugle, que tout cela est insensé. En vérité, du point de vue de la logique pure, ce débat est illusoire. Pour citer l'Advaita Makaranda :

na ca svajanma nāśaṁ vā
draṣṭum-arhati kaścana |
tau hi prag-uttarābhāva
carama-prathama-kṣanau |

Et nul ne peut voir sa propre naissance
ni sa propre destruction car il s'agit
respectivement du dernier et du premier

> moment de non-existence antérieur et postérieur (à la vie humaine)[30].

Dans le verset ci-dessus, l'auteur indique que l'expérience de première main qui prouverait notre nature mortelle ne peut être atteinte. Quand il s'agit de notre propre mort ou de notre propre création, si nous en voulons une preuve, il faudrait que nous ayons été présent avant notre naissance ou après notre mort, ce qui serait un paradoxe, une impossibilité logique. Le fait est que, si on s'en tient strictement aux domaines de la perception et de la logique, on ne peut voter ni en faveur de la nature mortelle de l'âme ni en faveur sa nature immortelle. Si on en reste là, dit le Vedānta, on arrive au mieux à une impasse. Quoi qu'il en soit, en vérité, l'immortalité a l'avantage parce que nous avons tous l'expérience de l'existence, tandis que personne n'a l'expérience de la non-existence. En réalité, c'est la non-existence qui est matière de contes de fées, et non la vie après la mort. Mais si l'argument d'Advaita Makaranda tient

[30] Advaita Makaranda, verse 15, Lakṣmīdhāra Kavi, 15eme C.

simplement les athées en échec, l'adepte du Vedānta a d'autres ressources pour gagner la partie : il peut puiser à la sagesse du *guru* et des Écritures, qui déclarent unanimement que le Soi est immortel. Si la preuve de la nature éternelle du Soi repose sur la foi en le *guru* et dans les Écritures, nous disposons aussi de quelques arguments logiques. Un de ceux-ci est adroitement présenté par Śrī Kṛṣṇa au chapitre deux de la Bhagavad-Gītā. :

> dehino'smin-yathā dehe
> kaumāraṁ-yauvanaṁ jarā |
> tathā dehāntara-prāptiḥ
> dhīrastatra na muhyati ||

> Exactement comme se succèdent, pour celui qui est incarné dans un corps, l'enfance, la jeunesse, et la vieillesse, un autre corps lui est ensuite donné. Le sage ne se laisse donc pas prendre à l'illusion[31].

Śrī Kṛṣṇa, qui a déjà dit à Arjuna que le Soi réel, n'est jamais né et qu'il ne meurt jamais, présente maintenant un argument logique. Ce n'est pas

[31] Bhagavad-Gītā, 2.13

une preuve ; la preuve de la nature éternelle de l'*ātmā*, c'est que toutes les Upaniṣads et tous les *gurus* déclarent avec emphase qu'il en est ainsi. Mais cela montre bien que le caractère éternel de l'*ātmā* ne transgresse ni la logique ni notre expérience. Comme nous l'avons déjà énoncé auparavant : *śruti-yukti-anubhava*. Les vérités révélées dans les Écritures, si on les comprend correctement, n'enfreignent ni la logique ni notre expérience. Ici, Kṛṣṇa dit que si nous réfléchissons, nous constatons que nous-même, la Conscience-témoin, demeure inchangée au cours de toute notre vie. Le corps traverse l'enfance, se transforme en un corps adulte, puis commence à décliner ; c'est la même conscience, le même « je » qu'on ne peut objectiver, qui est le témoin immuable de ces transformations. Ce témoin a également assisté aux changements psychiques qui se sont produits lors de ces différentes étapes. Ces trois étapes, l'enfance, la jeunesse et la vieillesse représentent les trois phases médianes de six étapes de transformation que l'on présente généralement dans le Vedānta : la conception, l'existence, la croissance, l'arrivée à maturité, le déclin et l'anéantissement[32]. Si une entité passe par une de ces étapes, elle traverse forcément les cinq autres. Donc, tout ce qui est né doit mourir un jour, etc. Cela est certainement vrai en ce qui concerne le corps. Nous avons vu d'innombrables corps traverser ces six étapes. Néanmoins, Kṛṣṇa déclare que cela ne vaut pas pour l'*ātmā*. L'*ātmā* est le témoin de ces six étapes de transformation. L'*ātmā* lui-même demeure éternellement immuable. Et Kṛṣṇa élargit la portée logique de cette constatation : si nous avons été le témoin des transformations du corps, de la jeunesse à la maturité puis à la vieillesse (les étapes du milieu), témoin qu'elles n'affectent pas, alors nous devrions aussi demeurer le témoin de la première et de la dernière modification du corps, c'est-à-dire de la naissance et de la mort, sans en être affecté. Donc, puisque nous avons déjà l'expérience d'être le témoin non-affecté de trois de ces modifications, logiquement, nous devrions aussi demeurer le témoin non-affecté des autres. C'est l'un des arguments logiques en faveur de la nature éternelle du Soi.

---

[32] Saḍ-bhāva vikāras (les six modifications) sont : *jāyate, asti, vardhate, vipariṇāmate, apakṣīyate* et *vinaśyati*.

Dans les temps védiques, au moins à l'époque de Śaṅkarācārya, la nature éternelle de l'âme était presque universellement acceptée. Les débats auxquels participèrent Śaṅkarācārya et les autres grands penseurs spirituels concernaient la nature de l'âme, et non pas son existence. Il existait toutefois une école de pensée, appelée Cārvāka Darśana[33], qui était complètement matérialiste et rejetait le concept d'une âme immortelle. Mais ce point de vue était considéré

[33] Selon la mythologie hindoue, le père de Cārvāka Darśana est Bṛhaspati, le guru des devatās. On dit que Bṛhaspati lui-même n'a pas accepté cette philosophie (darśana), mais qu'il l'a inventée pour induire les démons en erreur, ce qui rendrait leur destruction plus facile. Son premier disciple fut un démon appelé Cārvāka. Cārvāka signifie littéralement « Celui dont les paroles sont douces à entendre », sans doute une allusion à la nature séduisante d'une philosophie qui invite à profiter au maximum des plaisirs sensuels. Le texte fondateur, les Bārhaspatya Sūtras, a été perdu dès l'antiquité. Cette philosophie nous est connue essentiellement par les traités d'historiens de la philosophie, comme le Sarva Darśana Saṅgraha de Swāmī Vidyāraṇya, et par la présentation et la réfutation des points de vue de Cārvāka dans les écrits d'autres philosophes.

comme tellement arriéré que l'on faisait peu d'efforts pour le réfuter. Si Śaṅkarācārya écrivait ses commentaires aujourd'hui, Cārvāka serait peut-être un de ses opposants principaux. Bien que l'immense majorité des gens aient foi en Dieu et en une vie après la mort, nombre d'entre eux nourrissent également des doutes. Et bien sûr, beaucoup de gens croient que la conscience n'est pas la substance du Soi, mais qu'elle dépend du corps physique, qu'elle est un produit issu de son agrégat. Quand cet argument est donné dans les Brahma Sūtras, Śaṅkarācārya met un point d'honneur à le réfuter en détail[34]. Examinons brièvement ce que dit Śaṅkarācārya dans ce passage.

Śaṅkarācārya considère l'*ātmā* et la conscience comme identiques, et il argumente que si la conscience était un simple produit du corps physique, alors elle devrait perdurer dans le corps mort. Le corps physique, après tout, demeure encore quelque temps après la mort et pourtant, personne ne considère qu'il est conscient. Nous pouvons ajouter aujourd'hui que même les corps congelés au moyen de la cryogénie ne sont pas

[34] Brahma Sūtra, Aikātmya Adhikaraṇam, 3.3.53-54

considérés comme conscients. Ceci montre bien l'erreur logique de l'argument qui consiste à dire : puisque nous ne faisons l'expérience de la conscience qu'à travers le corps, le corps doit être la source de la conscience. Śaṅkarācārya montre ensuite l'erreur logique de l'autre facette de cet argument. Il a d'abord nié l'idée : « Là où il y a un corps, il y a la conscience ». Maintenant, il nie l'idée : « Là où il n'y a pas de corps, il n'y a pas de conscience ». Il dit que nous ne pouvons pas être certains que la conscience est absente d'un corps mort par le seul fait que nous ne percevons aucun signe de sa présence. Il pourrait y avoir d'autres causes à cela, qui font que la conscience ne se manifeste pas dans les corps morts.

Amma le dit souvent : « Quand une ampoule grille ou qu'un ventilateur cesse de fonctionner, cela ne signifie pas qu'il n'y a plus d'électricité. Il y a encore du courant. Cela indique simplement que l'ampoule ou le ventilateur ne sont plus des instruments adéquats pour manifester cette électricité. La conscience aussi a besoin d'un instrument adéquat pour se manifester. L'*ātmā* est éternel et omniprésent. La mort ne se produit pas à cause de l'absence de l'*ātmā,* mais à cause de la destruction de l'instrument que nous appelons le corps. Au moment de la mort, le corps cesse d'être capable de manifester la conscience. La mort indique que l'instrument ne fonctionne plus, et non une imperfection au niveau de l'*ātmā* ».

Donc, selon Śaṅkarācārya et Amma, le seul fait que nous ne percevions pas la conscience dans un corps mort n'implique pas que la conscience n'y est pas présente. Śaṅkarācārya ne donne pas cet argument pour dire que, sans que les vivants le sachent, l'individu qui utilisait ce corps demeure piégé à l'intérieur. Il veut indiquer que notre incapacité à reconnaître la conscience dans un corps n'est pas un argument conclusif de son absence.

Śaṅkarācārya offre ensuite un troisième argument pour montrer que le corps physique ne peut pas être la source de la conscience. Il dit que tout ce que nous voyons dans cet univers est inerte : l'espace, le vent, le feu, l'eau et la terre, ainsi que tous leurs produits. Donc, le corps que nous pouvons voir, qui est lui aussi un produit de ces éléments inertes, logiquement, est forcément inerte. Alors comment pourrait-il être la source de la conscience ?

Encore un autre argument : nous percevons généralement les attributs. Si quelqu'un est corpulent, je vois que son corps est gros. Si quelqu'un sent mauvais, je sens la mauvaise odeur qui émane de son corps. Si tel est le cas, et si la conscience était un attribut du corps, ne devrais-je pas être capable de percevoir aussi cette conscience ? Et pourtant, personne n'a jamais perçu la conscience de quelqu'un d'autre.

Argument final : pour comprendre cet argument, il faut revenir à certains des principes que nous avons mentionnés dans le processus de *dṛg-dṛśya viveka*. Là, nous avons dit que le sujet qui perçoit ne peut jamais se percevoir lui-même. L'œil, avec son pouvoir de vision, peut voir d'innombrables objets mais il ne peut jamais se voir lui-même. Śaṅkarācārya présente ici une légère modification de cette idée. Il dit qu'une propriété d'une substance donnée ne peut pas percevoir la substance dont elle est une propriété. Cela veut dire que si on considère la vision comme une propriété de l'œil, cette propriété ne peut pas voir l'œil. La propriété de goûter ne peut pas goûter la langue. En suivant cette logique, Śaṅkarācārya déclare : si la conscience était une propriété du corps, elle ne pourrait pas être consciente du corps. Et pourtant, bien sûr, nous sommes conscients de nos corps physiques. Donc, la conscience ne peut pas être une propriété du corps.

Là encore, nous ne considérons aucun de ces arguments comme une preuve que la conscience éternelle est la nature du Soi ou que le Soi transcende la mort, etc. La preuve, c'est que les Écritures et le *guru* l'affirment. Mais tous ces arguments peuvent nous révéler le caractère illogique des points de vue contraires, qui bien trop souvent se posent comme détenant le monopole de la rationalité. Ainsi, la foi dans les paroles du *guru* et dans les Écritures est essentielle. Si on se limite à la logique qui se fonde sur les données sensorielles, on aboutit à une impasse. Comme le dit très bien Bhartṛhari :

yatnenānumito'pyarthaḥ
kuśalairanumātṛbhiḥ |
abhiyuktatarairanyaiḥ anyathaivo papāyate ||

> Ce que d'habiles logiciens infèrent avec de grands efforts, est expliqué autrement par d'autres, encore plus habiles[35].

Vu sous un autre angle, ce qui semble logique d'un certain point de vue peut donc sembler totalement déraisonnable. Comme le dit Amma : « Face à une crise, si l'on veut avancer dans la vie d'un pas ferme et sans chanceler, il faut prendre refuge en Dieu et suivre la voie qu'Il nous indique. Sans cela, la vie ressemble à un procès où deux avocats plaident en l'absence d'un juge. L'audience n'aboutira à rien. S'ils débattent mais qu'il n'y a pas de juge, il n'y aura aucune décision. » Quelle est la vérité ? Quelle est la voie à suivre ? Quelle est la nature du Soi que je suis ? On peut débattre de ces questions en utilisant la logique, mais pour parvenir à une conviction ultime, il est nécessaire d'adhérer aux enseignements du *guru* et des Écritures.

Nous avons auparavant cité Amma, qui compare la mort au point que l'on met à la fin d'une phrase ou bien au changement de compartiment dans un train, etc. Amma parle en fait

[35] Vākyapadīya, 1.34

de la réincarnation. Il s'agit donc d'affirmations qui concernent le caractère éternel de l'âme dans le cadre du temps : la façon dont le corps subtil survit à la mort du corps physique, pour ensuite prendre un autre corps. Cela ressemble à ce verset de la Gītā :

> vāsāṁsi jīrṇāni yathā vihāya
> navāni gṛhṇāti naro'parāṇi |
> tathā śarīrāṇi vihāya jirṇāni
> anyāni saṁyāti navāni dehī ||

> Comme un homme quitte des vêtements usés pour en mettre des neufs, de même, l'être incarné quitte les corps usés pour entrer dans des corps neufs[36].

Quoi qu'il en soit, comme nous l'avons dit au début de ce chapitre, le *sat* de *saccidānanda* parle en réalité d'un niveau complètement différent d'éternité. Il ne s'agit pas d'éternité dans le temps, mais de l'éternité qui est le substrat même du temps. Quand elle parle à ce niveau, Amma dit : « Les gens célèbrent leur anniversaire en grande pompe, mais en vérité, tant que nous

[36] Bhagavad-Gītā, 2.22

célébrons notre naissance, nous confirmons aussi notre mort. La véritable naissance se produit le jour où nous comprenons que nous ne sommes jamais nés et que nous ne mourrons jamais. L'*ātmā* ne meurt jamais, pas plus qu'il ne naît. Il est comparable à l'océan. L'océan est immuable ; il demeure le substrat de toutes les vagues qui se lèvent en lui. Qu'est-ce qu'une vague, après tout ? Ce n'est que de l'eau. Une vague apparaît, puis disparaît. Une autre se lève et disparaît aussi. Une autre encore se lève ailleurs, avec une forme différente. Mais que sont-elles toutes ? Elles ne sont que de l'eau de mer sous différentes formes. Les vagues apparaissent et disparaissent, réapparaissent et disparaissent de nouveau, mais l'eau reste la même ; elle ne change jamais. Les vagues ne sont donc que la même eau, sous différentes formes, en différents endroits. De même, le *paramātmā* se manifeste en tant que *jīvas* sous différents formes. Les formes apparaissent et disparaissent, mais le principe essentiel, l'*ātmā*, demeure à jamais immuable, comme l'océan. »

Donc, quand nous déclarons que l'*ātmā* est « pure Existence », en fait, cela veut dire que partout où l'existence est perçue, cette existence est le Soi. Et où l'existence est-elle perçue ? Partout. Nous faisons tous constamment l'expérience de l'existence. Simplement, nous ne percevons pas « la pure Existence ». Nous ne pouvons pas percevoir la pure Existence car elle est ce que nous sommes et, comme nous l'avons vu au début du livre, « Le sujet qui perçoit ne peut pas être l'objet perçu ». Ainsi, nous ne pouvons percevoir qu'un reflet de nous-même. Et où trouvons-nous ce reflet ? Il est présent dans tous les objets de cet univers. Comment ? En tant que *sat*, le principe même de l'Existence, présent en toute chose.

Par exemple, quand on regarde autour de soi dans la pièce, on voit beaucoup de choses : peut-être un bureau, une table, une chaise, une autre personne, un chat, un mur, etc. Nous affirmons : « le bureau *est* », « le chat *est* », « le mur *est* », etc. Le Vedānta enseigne que ces affirmations, en réalité, ne révèlent pas une expérience singulière mais une expérience duelle : l'expérience de l'objet et l'expérience de notre Soi, la pure Existence, reflétée dans cet objet. L'aspect de l'existence est représenté par le verbe « est ».

Ainsi, vous, l'*ātmā*, êtes pure Existence. Vous vous percevez vous-même en chaque objet, intérieur et extérieur, de la création. Car où qu'un objet apparaisse, cet objet reflète l'*ātmā* et l'*ātmā* se manifeste dans l'objet en tant que son existence.

Qu'est-ce donc que le monde ? Ce sont les objets plus l'existence. Si vous ôtez l'existence, les objets ne peuvent pas rester car vous avez enlevé ce qui est leur fondement même. Si en revanche vous enlevez les objets, l'Existence demeure mais elle n'est plus manifestée. Et qu'est-ce que cette Existence ? C'est l'*ātmā*. Et qu'est-ce que l'*ātmā* ? C'est vous.

Donc, partout où vous regardez, c'est vous-même que vous voyez, votre reflet. Vous êtes *sat*, le principe de l'Existence présent en tout ce que vous percevez, en chaque expérience. Celui qui connaît vraiment le Soi, un *ātma-jñānī* comme Amma, sait donc que c'est son propre Soi dont elle fait constamment l'expérience, dans et à travers la création. Partout où nous regardons, il se produit constamment une expérience duelle : *sat ātmā* plus un nom et une forme.

Un jour, alors qu'Amma était dans l'avion pour l'Australie, une petite fille âgée d'environ cinq ans occupait le siège à côté d'elle. L'enfant avait un album de coloriages et Amma lui a demandé si elle pouvait colorier avec elle. Elles ont conclu un marché : la petite fille choisissait les couleurs et Amma coloriait. Pendant les programmes d'Amma, les albums de coloriages étaient la principale occupation que les parents proposaient à cette petite fille. Un des disciples d'Amma, l'ayant vue colorier si souvent, avait dit à l'enfant : « Amma t'a coloriée, exactement comme tu colories ces images ». Alors, quand la petite fille et Amma eurent terminé de colorier l'image, l'enfant a demandé à Amma : « Est-ce que tu m'as coloriée comme ça ? »

Amma l'a regardée fixement quelques instants, puis elle a dit : « Je n'ai pas eu besoin de te peindre. Quand tu regardes dans le miroir, tu vois un double de toi, n'est-ce pas ? Tu es juste un double de moi-même, un reflet. Chacun est juste un reflet, chaque plante, chaque animal et chaque être humain. Même les branches mortes et les pierres ! »

L'enfant a répondu : « Mais tu as l'air différente de tous les autres ! Tu es tellement plus belle ! »

Amma l'a embrassée sur le front et lui a dit : « Eh bien, c'est toi qui me vois différente. Pour moi, tout est pareil. Tu vois la beauté et la laideur. Mais pour moi, il n'y a que la beauté, parce que tout est moi ».

Ainsi, le « niveau supérieur d'éternité » consiste à voir la pure existence que nous sommes, l'*ātmā*, reflétée en toute chose. Dans le passé, ce principe d'existence était-il présent ? Bien sûr. Il s'agit d'un principe éternel, présent même quand l'univers entier a été dissout : « Le néant *est* ». Le temps est un principe relatif ; il implique la dualité. Pour parler de temps, il faut qu'il y ait deux moments, qu'ils soient séparés par des milliers d'années ou par un millième de seconde. Mais même pour parler de temps, encore faut-il qu'il y ait existence : « le temps *est* ».

C'est quand on comprend que l'*ātmā* est le substrat du temps que l'on passe d'une compréhension de la nature éternelle du Soi dans le temps au « niveau supérieur » d'éternité. Ainsi, en définitive, le *sat* dans *saccidānanda* ne se réfère pas à un une chose qui existerait de façon permanente. Le *sat* est l'Existence même, l'Être de toutes les choses impermanentes.

Jusqu'à présent, nous avons parlé de *sat* en termes de temps. Mais l'existence est un principe qui vaut aussi en termes d'espace. De même que tous les moments dans le temps se fondent en l'Existence pure, tout ce qui est situé dans l'espace se fonde aussi en elle : « La maison *est* ici », « la lune *est* là-bas », « la lumière *est* partout », etc. En tout lieu imaginable dans l'espace, l'Existence aussi est présente.

Amma ne perd jamais de vue le fait que cette pure Existence est sa nature réelle. En vérité, elle est là pour nous élever à cette vision des choses. Un jour, alors qu'Amma rentrait d'un tour du monde, un des résidents de l'*āśraṁ*, à qui elle avait beaucoup manqué, s'est plaint en lui disant : « Amma, tu es restée si longtemps absente. Quand tu pars si longtemps, nous avons le sentiment que tu nous a quittés ».

Amma a répondu : « Où pourrais-je donc aller ? Je ne peux aller nulle part, je ne peux venir nulle part ». Amma révélait ainsi son identification au vrai Soi, le substrat de toute chose, qui se reflète en chaque atome en tant qu'existence.

Le caractère omniprésent de l'*ātmā* est symbolisé dans d'innombrables histoires racontées dans les Purāṇas (récits mythologiques) et les Itihāsas (épopées) de l'Inde. Une de ces histoires met en scène Śuka, le fils de Vedavyāsa. Selon la légende, la déesse Pārvatī interrogea un jour le Seigneur Śiva à propos de la guirlande de crânes qu'il porte toujours autour du cou. Elle voulait savoir à qui appartenaient ces crânes. Śiva s'efforça d'esquiver la question, mais la curiosité de Pārvatī avait été éveillée et elle s'obstina. Alors, Śiva finit par admettre que ces crânes étaient les siens.

« Comment ces crânes peuvent-ils être les miens ? » demanda-t-elle.

Le Seigneur Śiva lui expliqua qu'il l'aimait tant que chaque fois qu'elle mourait, il recueillait son crâne sur le bûcher funéraire et le portait autour du cou. Et que quand elle renaissait, il la retrouvait et l'épousait de nouveau. Chaque fois qu'elle meurt, il ajoute ainsi un autre crâne à sa guirlande. Pārvatī ne comprenait pas : « Comment se fait-il que tu sois immortel, tandis que je meurs chaque fois ? » Śiva lui expliqua que c'était parce qu'il connaissait le secret de l'immortalité, alors qu'elle l'ignorait. Pārvatī lui demanda bien sûr de lui enseigner ce secret. Mari affectueux, Śiva accepta. Mais d'abord, il secoua son tambour *ḍamaru* afin d'effrayer toutes les créatures qui auraient pu éventuellement entendre car seuls ceux qui sont qualifiés pour connaître ce secret doivent l'entendre. Puis il dit à Pārvatī que pendant qu'il lui confiait le secret, elle devait dire périodiquement « Oui, oui, » parce que c'était un long récit et qu'il devait vérifier qu'elle ne s'endormait pas. Elle accepta et il commença ses explications.

Comme le Seigneur Śiva le lui avait expliqué, Pārvatī ponctuait le récit toutes les quelques minutes en hochant la tête et en disant « Oui, oui ». Mais elle finit par s'endormir. Pourtant, Śiva ne s'en aperçut pas. Pourquoi ? C'est que dans un arbre, tout près de là, se trouvait un bébé perroquet dans un œuf prêt à éclore.

Ayant entendu Pārvatī dire « Oui, oui, », le bébé perroquet s'était mis à l'imiter tout en écoutant le récit du Seigneur Śiva.

Quand il eut terminé son récit, Śiva remarqua soudain qu'en fait, Pārvatī s'était endormie. Il comprit aussitôt que quelqu'un d'autre qu'elle avait répété « Oui, oui ». En voyant le perroquet nouveau-né, il le chargea de son trident car il avait le sentiment qu'il n'était pas qualifié pour obtenir la connaissance de l'immortalité. Le perroquet vola aussi vite qu'il le pouvait, avec Śiva à sa poursuite. Le perroquet volait çà et là, sans parvenir à distancer le Seigneur Śiva. Volant à toute allure, il prit un tournant et arriva à l'ermitage du sage Vedavyāsa et de sa femme, Piñjalā. À cet instant précis, Piñjalā bailla, et le perroquet entra dans sa bouche et se réfugia dans son ventre.

Śiva exigea que le perroquet sorte, afin de le tuer. Mais Vyāsa lui expliqua qu'il était maintenant trop tard : le perroquet était immortel, Śiva ne pouvait donc de toute façon pas le tuer.

Le problème, c'est que le perroquet refusait de sortir. Il avait maintenant acquis de la sagesse et il savait que le monde était rempli d'attachements, qui sont autant de chaînes. Depuis l'intérieur du ventre de Piñjalā, le perroquet dit : « Si je sors, je serai traité comme ton fils, et nous ferons tous les deux l'expérience de la souffrance de la servitude ». Par de douces paroles, Vyāsa s'efforçait de le persuader de sortir, mais il n'en démordait pas. Pendant douze ans, le perroquet resta dans le ventre de Piñjalā, tout en grandissant comme un enfant humain ordinaire. Piñjalā, qui portait ainsi dans son ventre un enfant de douze ans, souffrait terriblement.

Vyāsa adressa donc une prière au Seigneur Kṛṣṇa, qui apparut aussitôt. Śrī Kṛṣṇa assura le perroquet qu'il ne souffrirait pas de l'attachement, qu'il obtiendrait rapidement *ātma-jñānam* et atteindrait la libération. Pacifié, le perroquet sortit ; il avait le corps et la taille d'un garçon de douze ans. Vyāsa et Piñjalā l'appelèrent Śuka, ce qui veut dire perroquet en sanskrit. Comme Kṛṣṇa l'avait promis, Śuka naquit très détaché et à l'âge de seize ans, il partit pour devenir *sannyāsi*, pratiquer des austérités et obtenir la connaissance du Soi. Vyāsa, en revanche, était très attaché à son fils et quand il s'aperçut de son départ, il partit à sa recherche pour le persuader de revenir. Mais il était trop tard. Dans les profondeurs de sa méditation, Śuka avait déjà réalisé son unité avec le substrat de tous les éléments et il s'était fondu dans la totalité. Il était perdu pour Vyāsa ; celui-ci eut beau chercher, il ne réussit pas à le trouver. Dans sa panique et son chagrin, Vyāsa finit par crier : « Fils ! Fils ! Fils ! » Et l'histoire raconte que toute la nature (la terre, le vent, le soleil, les rivières et même l'espace) répondit en écho « *Père... Père... Père...* ».

Aussi surréalistes et fantastiques que puissent paraître certains récits tirés des Purāṇas, comme celui-ci, ils contiennent les vérités les plus hautes de la spiritualité. Peu importe que nous croyions ou non que Śuka naquit sous la forme d'un jeune garçon, après être entré en volant dans le ventre de Piñjalā. Ce qui est important, c'est que nous saisissions la vérité révélée par ces récits. Comme le dit Amma : « Une fois que nous avons sucé le jus de la canne à sucre, nous pouvons recracher le reste ». Et dans cette histoire, le jus, c'est la vérité que notre nature ultime est la pure Existence omniprésente. Vyāsa cherchait le corps physique limité de son fils.

Mais Śuka avait réalisé qu'il n'était pas le corps physique grossier, mais *sad-ātmā*, l'essence même, l'Être qui sous-tend tous les corps, tous les éléments. Donc, Śuka était partout. Voilà ce que symbolise le fait que la Nature entière ait répondu à Vyāsa quand il a appelé son fils. Il peut nous sembler qu'il y a une nuance de tristesse dans cette histoire, quelque chose de doux-amer. Śuka avait obtenu l'univers entier, mais Vyāsa avait perdu son fils. Mais en vérité, puisque Śuka s'est fondu dans l'univers, cela signifie qu'il n'a jamais quitté son père. De même que Śuka est l'Existence entière, omniprésente, Vyāsa l'est aussi. Il ne peut pas y avoir deux êtres différents et omniprésents. Et donc, au final, il ne s'agit pas de l'histoire d'une séparation, mais d'une histoire d'unité. Il n'existe pas de nombreux *ātmās* ; il n'existe qu'un seul *ātmā*. C'est donc comme si une goutte d'eau pleurait en disant à la mer : « Pourquoi faut-il que je sois séparée de toi ? » La mer rirait et répondrait : « Que veux-tu dire ? Nous sommes toutes la même eau, il n'y a qu'une seule eau. »

Amma elle-même a fait le commentaire suivant à propos de Śuka : « Celui qui ne fait qu'un avec la Conscience suprême est aussi uni à l'ensemble de la création. Il n'est plus uniquement le corps. Il est la force vitale qui brille en et à travers toute chose dans la création. Il est cette conscience qui donne à toute chose sa beauté et sa vitalité. Il est l'*ātmā,* immanent à toute chose. Tel est le sens de cette histoire. »

Notre *ātmā* est le seul *ātmā*, c'est-à-dire que tout être, dans la création, depuis le commencement des temps, a comme essence la même Conscience, unique, la même pour tous. Cette vérité est un autre aspect spécifique de notre nature dont nous ne pouvons pas faire l'expérience par les sens, que nous ne pouvons pas obtenir grâce à la logique. Cette vérité concernant ce que nous sommes, nous ne pouvons la connaître que grâce au *guru* et aux Écritures. Une fois que nous aurons accepté cela, nous découvrirons que cette connaissance de la non-dualité, que ni l'expérience ni la logique ne pouvaient nous apporter, elles ne peuvent pas non plus la nier. La foi pleine de respect que nous éprouvons pour le *guru* et pour les Écritures en fait pour nous une réalité.

Amma nous répète régulièrement cette vérité. Comme nous l'avons vu, Amma dit souvent que pour savoir qui est Amma, il faut se connaître soi-même. Le sens de cette phrase, c'est que le Soi réel de tous les êtres est un. Comme Amma nous le dit avec éloquence : « Le moi qui est en moi est toi, et le toi qui est en toi est moi ». Les Upaniṣads et la Bhagavad-Gītā proclament constamment cette vérité de l'unité éternelle.

eko devaḥ sarva-bhūteṣu gūḍhaḥ
sarvavyāpī sarva-bhūtāntarātmā |
karmādhyakṣaḥ sarva-bhūtādhivāsaḥ sākṣī
cetā kevalo nirguṇaśca ||

Le Divin un et unique, caché dans tous les êtres, l'*ātmā* omniprésent qui demeure en tous les êtres, celui qui supervise tous les *karmas*, le refuge de tous les êtres, le témoin, le principe de la conscience, non-duel, sans attributs[37].

Comme le dit l'Īśāvāsya Upaniṣad :

yasmin-sarvāni-bhūtānyātmaivābhūd-
vijānataḥ |

---

37 Śvetāśvatara Upaniṣad, 6.11

tatra ko mohaḥ kaḥ śoka ekatvam-
anupaśyataḥ ||

Pour celui qui a la connaissance, tous les êtres sont devenus l'*ātmā*, unique. Alors quelle illusion, quelle souffrance pourrait bien connaître celui qui voit ainsi l'unité[38] ?

Et de plus :

yadā bhūta-pṛthag-bhāvam
ekastham-anupaśyati |
tata eva ca vistāraṁ
brahma saṁpadyate tadā ||

Celui qui voit que la diversité des êtres émane de l'Un, et qu'ils se manifestent uniquement à partir de Cela, celui-là devient *Brahman*[39].

Et dans la Gītā, Śrī Kṛṣṇa dit :

sarva-bhūtastham-ātmānaṁ sarva-bhūtāni
cātmani |
īkṣate yoga-yuktātmā sarvatra sama-
darśanaḥ ||

[38] Īśāvāsya Upaniṣad, 7

[39] Bhagavad-Gītā, 13.30

yo māṁ paśyati sarvatra sarvaṁ ca mayi paśyati |
tasyāhaṁ na praṇaśyāmi sa ca me na praṇaśyati |

Celui dont le mental est absorbé dans le *yoga*, celui qui voit partout la même chose, voit l'*ātmā* en tous les êtres et tous les êtres dans l'*ātmā*. Celui qui Me voit partout et qui voit toutes chose en Moi, il ne Me perd jamais de vue, et Moi non plus Je ne le perds pas de vue[40].

Ces deux derniers versets de la Gītā, de nouveau, indiquent que ce que nous cherchons, c'est un changement de notre compréhension. Il nous faut comprendre que, bien que nous percevions la diversité, la réalité c'est qu'au cœur de ces êtres en apparence différents il n'existe qu'un seul et unique *ātmā*. C'est difficile parce que les apparences sont totalement à l'opposé, ce qui crée la confusion. Pour expliquer ce phénomène, Amma affectionne l'exemple du soleil, unique, qui se reflète dans de nombreux pots. Amma dit : « Imaginez que vous mettiez au soleil cent pots remplis d'eau. À la surface

[40] Ibid, 6.29-30

de chaque pot, vous verriez un soleil, n'est-ce pas ? Mais cela ne veut pas dire qu'il existe cent soleils différents. Le soleil est unique, les reflets sont nombreux. » Le même exemple est donné dans les Upaniṣads, mais en prenant le reflet de la lune au lieu de celui du soleil :

> eka eva hi bhūtātmā bhūte bhūte vyavasthitaḥ |
> ekadhā bahudhā caiva dṛśyate jalacandravat ||

> L'*ātmā* de tous les êtres est un, présent en tous les êtres. Bien qu'il soit un, il est vu comme plusieurs, comme la lune dans (différents pots) d'eau[41].

Cet exemple fait l'objet d'une analyse élaborée dans les Brahma Sūtras[42] tout comme dans des traités importants du Vedānta tels que le Naiṣkarmya Siddhi[43], écrit par Sureśvarācārya, un des quatre disciples directs de Śaṅkarācārya. Bref, les Écritures et les *jñānīs* de l'Advaita proclament tous qu'il n'existe qu'un seul *ātmā*, qui se manifeste de manière variée dans

---

[41] Amṛtabindu Upaniṣad, 12

[42] Brahma Sūtra, 3.2.18

[43] Naiṣkarmya Siddhi, 2.47

l'ensemble de la création, en tant que la pure Existence qui sert de substrat au moindre objet que nous percevons.

Là, il se peut que notre tête explose. Comment moi, ce petit être humain qui ne réussit même pas à être à l'heure au travail, pourrais-je être le principe omniprésent de la pure Existence, qui contient le temps et l'espace, le Soi unique et réel qui se manifeste en tout ce qui est, conscient ou inerte ? Lorsque nous faisons une telle objection, nous devons nous reprendre, parce que nous sommes retombés dans l'ignorance.

Quand le *guru* et les Écritures nous disent que nous sommes la pure Existence qui est le fondement du cosmos entier, ils ne parlent pas de nous en tant qu'être humain ; ils parlent de nous, le Soi réel. Ils parlent du témoin qui demeure lorsque nous enlevons avec les ciseaux du discernement toutes les couches superficielles de notre personnalité. Rappelez-vous, nous ne sommes pas ce corps, ni ce mental, ni cet ego. Nous sommes la pure Conscience-témoin qui éclaire l'expérience du corps, l'expérience du mental, l'expérience de l'ego. Si nous avons réécrit de cette manière la notion que nous avons de nous-même, alors l'idée que « Moi, la pure Conscience-témoin, je suis aussi pure Existence » n'est pas invraisemblable.

Ānanda : Pure Béatitude

Voici finalement l'aspect du Soi que nous attendions tous : *ānanda*, la béatitude. C'est bien pour en arriver là que nous avons commencé toute cette quête, n'est-ce pas ? Le but unique de toute notre vie, quels que soient les autres buts que nous nous fixons, c'est d'être heureux, de connaître l'amour, la paix. Le mot *ānanda* englobe tout cela.

Amma et les Écritures nous disent que la béatitude n'est pas un phénomène extérieur. Elle est notre vrai Soi. De même que nous sommes la Conscience unique présente dans tout l'univers, que nous sommes l'existence unique, nous sommes aussi la béatitude unique. Le bonheur semble peut-être venir d'objets extérieurs mais en vérité, le bonheur est notre nature réelle. Les Upaniṣads contiennent à ce sujet des déclarations importantes, parmi lesquelles :

> yo vai bhūmā tat-sukhaṁ nālpe sukham-
> asti bhūmaiva sukham |

> Ce qui est l'Infini (*Brahman*), c'est la béatitude. Il n'y a aucune joie dans le fini. Seul l'infini est béatitude[44].

Et :

> yad-vai tat sukṛtam | raso vai saḥ | rasaṁ hyevāyaṁ labdhvā''nandī bhavati |

> Ce qui est connu comme notre propre Créateur (*Brahman*) est en vérité la source de la joie ; car on est heureux en étant au contact de cette source de joie[45].

Et :

> ānando brahmeti vyajānāt | ānandāddhyeva khalivamāni bhūtāni jāyante | ānandena jātāni jīvanti | ānandaṁ prayantyabhisaṁviśāntīti |

> Il connut la béatitude comme étant *Brahman*, car en vérité c'est de la béatitude qu'ont émergé tous ces êtres. Une fois nés, ils existent dans

[44] Chāndogya Upaniṣad, 7.23.1

[45] Taittirīya Upaniṣad, 2.7.1

> la béatitude, ils vont vers la béatitude et se fondent dans la béatitude[46].

Comme cela est dit dans la citation d'Amma que nous avons choisie pour commencer ce livre : « La vie est faite pour que nous naissions dans l'amour, vivions dans l'amour et finalement la terminions dans l'amour, mais tragiquement, bien que la plupart d'entre nous cherchent toute leur vie l'amour, la majorité meurent sans l'avoir jamais trouvé ». L'aspect *ānanda* de l'*ātmā* est le plus difficile à appréhender. Nous acceptons volontiers l'idée que nous existons toujours. Le fait que nous soyons toujours conscient est également assez facile à saisir. Mais quand le *guru* nous dit : « Votre nature est béatitude », nous pensons qu'il a peut-être perdu la tête ou bien alors que, clairement, il ignore notre état intérieur.

Là encore, il serait utile de prendre l'exemple du miroir. Rappelez-vous, en tant que sujet, on ne peut pas faire l'expérience directe de soi-même. On ne perçoit son Soi que de façon indirecte, tel qu'il se reflète dans l'univers qui nous entoure,

[46] 47 Ibid, 3.6.1

aussi bien dans l'univers extérieur que dans l'univers intérieur du complexe corps-mental. Comme nous l'avons expliqué auparavant, le Soi en tant qu'existence se reflète absolument partout, partout où quelque chose « est » ; « le sol *est* », « le mur *est* », « le garçon *est* », « le mental *est* », etc., « est » est un reflet de l'*ātmā*. Tout objet, aussi grossier soit-il, reflète notre « être ».

Néanmoins, pour refléter l'aspect de la conscience, la matière doit être subtile. Les éléments grossiers, l'espace, le vent, le feu et la terre ou leur combinaison comme les tables, les chaises, les bâtiments, sont incapables de refléter la conscience. Ils peuvent refléter l'aspect *sat* de l'*ātmā*, mais non son aspect *cit*. Mais le mental, lui, peut refléter la conscience et il le fait. Le mental de tout être sensible est capable de refléter la conscience à un certain degré, qu'il s'agisse d'un cafard, d'un oiseau, d'un chien, d'une baleine ou d'un être humain. (Même les plantes, bien qu'elles soient inanimées, ont une sorte de système nerveux qui leur permet aussi de refléter la conscience, bien que faiblement). Ainsi, la conscience se reflète dans le mental, mais non dans les objets grossiers et inertes du monde. Śrī Śaṅkarācārya explique cela de manière très succincte dans son traité Ātmabodha, qui relève de l'Advaita :

> sadā sarvagato'pyātmā na sarvatra avabhāsate |
> buddhāvevāvabhāseta svacchesu pratibimbavat ||

> Bien qu'il soit omniprésent, l'*ātmā* ne brille pas en toute chose. Il se manifeste seulement dans le mental, comme un reflet dans quelque chose de pur[47].

Plus le mental est raffiné, plus la conscience se reflète clairement. Ainsi, on utilise parfois des expressions comme « Il a une conscience supérieure » ou bien « Il a élevé sa conscience », ou encore « grâce à l'évolution, les formes de vie ont développé la conscience » ; dans toutes ces expressions, ce que signifie « développé », « élevé », ou « supérieur » etc., ce n'est pas que la Conscience a évolué ; c'est que la capacité du mental de donner un reflet fini, limité de

---

[47] Ātmabodha, 17

l'aspect « Conscience omniprésente » de l'*ātmā*, s'est accrue.

Alors que l'existence se reflète dans tous les aspects de la création, que la conscience ne se reflète que dans le sous-ensemble de la création appelé « mental », la béatitude ne se reflète que dans un sous-ensemble encore plus restreint : le mental calme. Voilà pourquoi nous voyons la béatitude de manière aussi tangible chez ces êtres rares que sont les *mahātmās*, comme Amma. Le mental d'Amma est si paisible que la béatitude du Soi y rayonne en permanence. Et de même, il y a des moments où notre mental aussi est tranquille et serein, et dans ces moments-là, nous aussi faisons l'expérience de la béatitude. Nous pouvons calmer notre mental à différents degrés au cours de la méditation et dans ce mental, faire l'expérience du reflet de l'*ātmā* sous la forme de béatitude. Dans le sommeil profond, le mental se fond dans le silence et nous savons tous que le sommeil est béatitude. Le mental peut aussi être calmé artificiellement par des drogues. On peut également le calmer temporairement en satisfaisant ses désirs. Le problème, c'est que quand on calme le mental par des drogues ou en satisfaisant les désirs, il est ensuite encore plus agité qu'avant ce calme artificiel. C'est ainsi que de nombreuses personnes, prises dans un cercle vicieux, finissent par se détruire et détruire leur famille dans le vain espoir d'atteindre quelque chose qui, en réalité, est leur véritable nature.

Tandis que la capacité du mental de refléter notre nature de béatitude dépend de son état, il s'y reflète presque toujours un niveau minimum de béatitude. En réalité, nous considérons cela comme allant de soi. C'est seulement quand il disparaît ou bien est réduit à un niveau négligeable que nous nous rendons compte que nous l'avons perdu. Amma dit souvent : « Nous ne prenons conscience que nous avons une tête que quand nous avons mal à la tête ». Et de même, nous ne prenons conscience que nous ressentons toujours un niveau minimum de béatitude reflétée que lorsque ce reflet minimum pâlit. C'est l'état du mental lors d'une dépression clinique ou bien quand on se sèvre de l'addiction à une drogue. C'est ce niveau minimum de béatitude auquel fait allusion la Bṛhadāraṇyaka Upaniṣad : « *etasyaivānandasyānyāni bhūtāni mātrām-upajīvanti,* les autres êtres vivent seulement sur une particule de cette béatitude[48] ».

Nous faisons régulièrement l'expérience de cette vérité. Nous pensons que nous sommes malheureux dans une situation donnée. Nous nous plaignons sans cesse. Qu'arrive-t-il ensuite ? Le problème s'aggrave. Alors soudain, nous pensons : « Je donnerais tout pour retrouver la situation malheureuse précédente ». Cela signifie qu'un petit degré d'*ānanda* se reflète presque toujours en nous.

Il y a une histoire là-dessus. Un couple va voir un *guru* et lui dit qu'ils sont tout le temps en train de se disputer et qu'ils sont malheureux. Le *guru* leur dit de prendre trois chiens et de les garder dans la maison avec eux. « Quoi que vous fassiez, ne les laissez pas sortir, dit-il. Revenez dans une semaine. » Le couple suit ses instructions.

« Alors, comment ça va ? », demande le *guru*. « C'est affreux. Toute la maison sent le chien et les excréments de chien. » Le *guru* hoche la tête et dit : « Bien, prenez aussi huit chats. Ne les laissez jamais sortir. Revenez dans

[48] Ātmabodha, 17

une semaine ». Le mari et la femme échangent un regard hésitant, mais ils appliquent le plan du *guru*.

Une semaine plus tard, ils reviennent. « Alors ? », demande le *guru*.

« C'est un cauchemar ! disent-ils. Les chiens poursuivent les chats ; les chats crachent et se battent. Le maison sent horriblement mauvais. »

Le *guru* hoche de nouveau la tête et dit : « Très bien. Maintenant, prenez dix oies. Gardez-les à l'intérieur de la maison. Venez me voir dans une semaine ».

Le couple revient une semaine plus tard. Ils ont une mine épouvantable. Le visage de la femme est tout gonflé. L'homme a un bras en écharpe. Leurs vêtements sont dégoûtants. Ils ont l'air de ne pas avoir dormi depuis des jours. Le *guru* dit : « Alors ? »

Le couple s'effondre, en pleurs. « C'est l'enfer. Il y a des plumes partout. Deux oies sont mortes. J'ai glissé sur une crotte d'oie et je me suis cassé le bras. Apparemment ma femme est allergique aux chats. Elle peut à peine respirer. Toute la maison n'est qu'un chaos putride ! »

Le *guru* dit : « Bien. Débarrassez-vous de tous les animaux. Venez me voir dans une semaine ».

Le couple revient au bout d'une semaine. Ils se tiennent la main en souriant. Ils rayonnent, l'image même de l'harmonie conjugale : Ils tombent aux pieds du *guru* et le louent pour sa capacité d'accomplir des miracles.

Cette histoire nous enseigne que, même dans le soi-disant « malheur », un certain degré de bonheur se reflète dans le mental. Si nous voulons que le mental reflète plus de bonheur, il n'existe qu'un seul moyen durable : le rendre plus calme grâce à la méditation et réduire l'attraction et la répulsion.

Je me rappelle qu'un jour, il y a longtemps, alors que je conduisais Amma et les autres *brahmacārīs* dans un minibus, un dévot âgé, assis à côté de moi, regardait constamment le reflet d'Amma dans le rétroviseur. Il remarqua avec innocence, comme un enfant : « Je peux voir le reflet d'Amma dans le rétroviseur ». Amma a ri et a dit : « Quand le mental aura été lavé de toutes ses impuretés, qu'il sera devenu un miroir tout propre, tu pourras voir Dieu partout ».

Amma révélait ainsi cette vérité : le mental est comme un miroir. Plus nous nettoyons ce miroir, plus la béatitude de notre vrai Soi se reflète clairement en lui pour que nous en fassions l'expérience. Plus nous négligeons ce miroir, en sombrant dans l'égoïsme, dans des schémas de pensée négatifs et dans l'indiscipline, plus le miroir est obscurci. Toutefois, quel que soit le degré de propreté ou de saleté du miroir, le Soi demeure le même. C'est *saccidānanda*, existence, conscience, béatitude.

Il existe une technique qu'Amma a conseillée à de nombreuses personnes. Son but est de nous aider à saisir que, quel que soit le lieu où la béatitude apparaît, dans notre mental ou dans celui d'autres créatures, cette béatitude est en fait un reflet du Soi réel. Les gens disent parfois à Amma qu'ils sont tristes parce qu'ils souhaiteraient passer plus de temps auprès d'elle. Ils voient beaucoup de gens aller au *darśan* ou parler avec Amma, et ils sont jaloux de voir la béatitude que ces personnes ressentent. Amma leur dit souvent : « Quand vous voyez quelqu'un qui est heureux d'être auprès d'Amma, alors essayez de considérer cette personne comme vous-même ».

J'ai le sentiment que beaucoup prennent cette instruction à la légère, comme si Amma ne disait cela que pour les apaiser. En réalité, Amma les initie à une pratique profonde de l'Advaita : se rappeler que nous, le vrai Soi, sommes la seule et unique source de toute la béatitude ressentie dans la création, et que la béatitude ressentie partout dans le monde est notre propre reflet. En comprenant ces trois reflets du Soi, on se rend compte que le Soi est omniprésent, que partout où l'on jette les yeux, c'est soi-même que l'on voit. Quand on voit quelqu'un sourire ou rire, comprenons : la béatitude qui brille en lui est un reflet de moi-même, du Soi réel unique.

Quand nous voyons une autre créature vivante, comprenons : « De même que je suis conscient, cela aussi est conscient ; cette conscience est un reflet de moi-même, le seul et unique Soi réel ». Quand nous voyons quoi que ce soit, comprenons : « L'être qui est le substrat de cet objet, c'est un reflet de moi-même, le seul et unique Soi réel ». Cette vision ultime est merveilleusement exprimée dans une strophe magnifique, tirée d'un traité du Vedānta :

> asti bhāti priyaṁ rūpaṁ
> nāma-cetyaṁśa-pañcakam |
> ādya-trayaṁ brahma-rūpaṁ
> jagad-rūpaṁ tato dvayam ||

> L'existence, la conscience, la béatitude, la forme et le nom, telles sont les cinq parties. Les trois premières ont la nature de *Brahman*, et les deux suivantes, la nature du monde[49].

Dans cette strophe, la terminologie est légèrement différente de celle que nous avons utilisée. Ici, l'existence est désignée par le mot *asti* ; la conscience par le mot *bhāti* ; et la béatitude par le terme *priyam*. Ces trois aspects, quand j'en fais l'expérience, m'appartiennent, à moi qui suis *Brahman*, le Soi réel. Les deux autres choses que nous percevons ne sont que le nom et la forme et cela, c'est le monde. Ainsi, selon la vision d'Amma et des Écritures, partout nous ne voyons rien d'autre que notre propre Soi. Selon cette perspective du Vedānta, notre

---

[49] Dṛg-Dṛśya Viveka, 20

mode de pensée devrait évoluer pour devenir peu à peu : « En certains endroits, comme dans un bout de bois ou dans un bâtiment, je suis reflété sous la forme de l'existence. En d'autres endroits, comme chez les oiseaux, les autres animaux et chez les êtres humains, je suis reflété sous la forme d'existence et de conscience. Et en d'autres lieux encore, comme chez quelqu'un qui rit d'une blague, chez les oiseaux qui gazouillent pleins de béatitude, ou chez un chien qui remue la queue, je suis reflété sous la forme d'existence, conscience et béatitude. Néanmoins, quels que soient le temps, le lieu et le degré de réflexion, je ne suis pas le reflet. Les reflets vont et viennent, peu importe ; je suis Ce qui est immuable, éternel, incréé, le seul et unique Sujet, qui brille par lui-même et se reflète de façons variées dans une infinité de noms et de formes. Telle est la vision d'Amma, la vision vers laquelle elle s'efforce d'élever notre conscience.

Je me rappelle une occasion où Amma a révélé cette vision qui est la sienne. C'était lors d'une séance de questions-réponses à Seattle.

Une femme a demandé à Amma : « Amma, quand je regarde dans tes yeux, il me semble que je peux y voir l'univers entier ». Puis elle lui a demandé pourquoi ses yeux étaient si beaux et plus précisément, si Amma elle-même avait jamais contemplé la beauté de ses propres yeux.

Amma a répondu : « Amma voit ses propres yeux à travers les yeux de ses enfants ».

En réalité, cette phrase est un *sūtra.* Dans sa concision, elle contient la spiritualité tout entière. Amma voulait dire ainsi que même s'il est vrai qu'elle ne peut pas voir ses propres yeux parce que, comme nous l'avons dit souvent, celui qui voit ne peut pas être ce qui est vu, néanmoins, dans sa sagesse suprême, Amma sait que c'est elle seule qui se reflète de manière différente dans tous les aspects de la création. Celui qui voit ne peut pas être ce qui est vu, mais ce qui est vu est un reflet de celui qui voit.

Telle est la vision grâce à laquelle nous atteignons la véritable unité. C'est la vision qui nous permet de savoir que nous sommes le substrat, l'essence, de chaque montagne, de chaque lac, de chaque rivière, chaque océan, de chaque étoile, du vent, et même de l'espace tout entier. C'est la vision qui nous permet finalement de comprendre que, comme le dit Amma, « Le « je » en moi est toi, et le « toi » en toi est moi ». Grâce à cette vision, nous savons que chaque rire et chaque sourire est un reflet de la béatitude qui est notre Soi réel.

Seule cette vision nous permet d'être enfin libre. Car comment pourrait-on avoir peur quand on comprend réellement : il n'existe rien d'autre que moi-même et mon reflet ? Qui peut-on haïr ? Contre qui peut-on être en colère ? Que peut-on rechercher ou fuir ? On a compris que tout est soi-même, rien d'autre. Alors on comprend que toutes les affirmations des Upaniṣads au sujet de *Brahman,* de l'*ātmā* ou de « Cela » ne désignent pas quelque chose de lointain ou d'inconnu ; il s'agit de nous-même :

> « Le feu n'est que Cela ; le soleil est Cela ; le vent est Cela ; et la lune aussi est Cela ! Celui qui illumine est aussi Cela ; *Brahman* est Cela ; les eaux sont Cela ; et Prajāpati est Cela ! Tu es une femme ; tu es un homme ; tu es un garçon ou une fille. Vieillard, tu marches avec une canne, en chancelant. Nouveau-né, tu tournes la tête dans toutes les directions. Tu

> es l'oiseau bleu-nuit, l'oiseau vert aux yeux rouges, le nuage de pluie, les saisons et l'océan. Tu vis en tant que l'Un sans commencement car tu es omniprésent, toi, dont toutes les choses sont nées[50] ».

Au départ, par le processus de *dṛg-dṛśya viveka*, nous avons éliminé grâce au discernement tout ce dont nous faisons l'expérience comme n'étant forcément « pas moi ». Le monde avec tous ses objets est un objet que nous percevons. Donc, il ne peut pas être moi, le sujet qui perçoit. Ce corps et ses organes d'action et de connaissance sont aussi l'objet de ma perception ; donc ils ne sont pas moi. Et il en va de même de l'énergie vitale dans le corps : ce n'est pas moi. Et c'est pareil pour toutes nos pensées, nos émotions, nos idées, nos concepts, y compris notre sentiment d'être un penseur, l'auteur d'actions, quelqu'un qui fait des expériences, y compris la paix et le bonheur que je ressens. Comme j'ai conscience de toutes ces choses et de ces phénomènes, ce sont des objets, et rien de tout cela ne peut être moi. Mais maintenant, nous comprenons que

[50] Śvetāśvatara Upaniṣad, 4.2-4

certes, ces objets ne sont pas mon être réel, mais en même temps, ce sont tout de même des reflets de moi-même. Je suis *saccidānanda*, être-conscience-béatitude, omniprésent dans tout l'univers. Ainsi, tout ce qui existe, quel que soit son degré de réalité, n'est rien d'autre que moi, une infinité de reflets de moi-même.

Telle est la connaissance ultime, la vision du monde dans laquelle Amma est éternellement établie ; c'est une extase dans laquelle on voit son propre Soi, béatitude éternelle, reflété partout :

> mayyeva sakalaṁ jātaṁ mayi sarvaṁ pratiṣṭhitam |
> mayi sarvaṁ layaṁ yāti tad-brahmādvayam-asmyaham ||

> En moi seul, tout a émergé. En moi seul, tout subsiste. Tout se fond de nouveau en moi. Je suis cette Conscience pure, infinie, en-dehors de laquelle rien n'existe[51].

[51] Kaivalya Upaniṣad, 19

7

Vivre le Vedānta

Amma dit parfois : « L'éveil, pour moi, c'est une bagatelle, un cornet de cacahuètes ». Quand on entend cela pour la première fois, on a un choc. Comment ce qu'il y a de plus précieux dans toute la création, le seul but réel de la vie humaine, peut-il être, aux yeux d'Amma, comparable à quelque chose que l'on peut acheter à tous les coins de rue en Inde pour seulement vingt roupies ?

En réalité, Amma exprime ainsi à sa façon le fait que pour elle, la nature réelle divine de ce monde, d'elle-même, de Dieu, notre unité essentielle à tous, est tellement évidente que c'est un lieu commun. C'est comme de savoir que le soleil est jaune ou que l'eau est mouillée. En outre, quand Amma dit : « L'éveil, pour moi, c'est une bagatelle, un cornet de cacahuètes », elle indique aussi la simplicité ultime de l'enseignement spirituel. Comme nous l'avons vu depuis le début de ce livre, la vision de l'Advaita, en elle-même, n'est pas compliquée. Elle est merveilleuse et même si, au départ, certains de ses aspects semblent aller contre notre intuition, c'est quelque chose que presque tout le monde devrait finalement pouvoir comprendre : vous n'êtes ni le corps ni le mental. Il est impossible que vous le soyez, parce que vous les observez. Donc, vous êtes la Conscience-témoin absolument irréductible à un objet. La nature de ce « vous » inconnaissable, c'est le substrat unique et éternel de la création. La création entière apparaît, existe et se fond à nouveau en Cela à la fin d'un cycle de création.

Partout où vous percevez l'existence, la conscience ou la béatitude, c'est vous-même, reflété dans cette création qui jaillit éternellement de vous comme un mirage. Cette connaissance en elle-même, aussi incroyable qu'elle nous paraisse, est simple. Pour Amma, c'est une bagatelle.

La connaissance du Soi est certes précieuse, cela ne fait aucun doute. Mais le bénéfice réel, aussi bien pour nous que pour le monde, n'est obtenu que quand nous sommes capables d'assimiler pleinement cette connaissance, quand elle sature notre inconscient et se traduit par des actions. Donc, Amma a toujours mis l'accent sur *jñāna-niṣṭhā*, et pas seulement sur *jñānam*. Selon Amma, sans *niṣṭhā*, *jñānam* ne possède qu'une valeur limitée. Cela revient à comprendre une plaisanterie mais sans jamais éclater de rire. *Niṣṭhā*, c'est l'état d'être où l'on est fermement établi dans cette connaissance, sans jamais vaciller, ancré en elle. On devient *niṣṭha* quand la connaissance ne reste pas seulement à la surface, quand elle a saturé l'inconscient ; lorsque cela se produit, nos pensées, nos paroles et nos actions sont toujours en harmonie avec notre connaissance du Vedānta.

C'est ce qui rend Amma si spéciale. Innombrables sont ceux qui ont compris le Vedānta et ont retiré d'immenses bienfaits émotionnels de son enseignement ultime. Mais quand on voit à quel degré Amma est une avec cet enseignement, à quel point il rayonne dans chacune de ses pensées, de ses paroles et de ses actions, on se dit que c'est sans précédent dans les annales de la spiritualité.

Selon Amma, deux indices fondamentaux dénotent *jñāna-niṣṭhā* :

l'équanimité et la compassion. La connaissance que nous ne sommes ni le corps ni le mental se traduit-elle par l'équanimité face au succès et à l'échec ? Face à la louange et à la critique ? La connaissance de notre unité avec tous les êtres se traduit-elle envers eux par la bonté et le service plein de compassion ? C'est cela qu'Amma appelle « Vivre le Vedānta ». Et c'est le message central de la vie d'Amma. C'est à cela qu'elle accorde de l'importance. Voici l'exemple qu'Amma utilise régulièrement pour nous montrer comment *ātma-jñānaṁ*, si on l'assimile correctement, se manifeste sous la forme de compassion envers autrui. Amma dit : « Si la main gauche est blessée, la main droite dit-elle : « Oh, cela concerne la main gauche, cela n'a rien à voir avec moi. » ? Non, immédiatement, la main droite caresse et apaise la main gauche, puis applique un remède si c'est nécessaire. Elle agit ainsi car elle ne considère pas la main gauche comme différente d'elle-même. Si nous avons une véritable compréhension spirituelle, c'est ainsi que nous réagissons face à la souffrance de tous les êtres. »

La vie entière d'Amma manifeste ce principe en action. Il y a quelques années, un journaliste a dit à Amma : « Vous passez beaucoup de temps, nuit et jour, à aider les autres, à essuyer leurs larmes et à répondre à leurs questions. Et vous ? Vous ne prenez jamais de temps pour vous ? » La réponse d'Amma fut très touchante : « Je ne vois aucune différence. Le temps pour *eux*, c'est du temps pour *moi* ». Telle est la vision d'un véritable *ātma-jñānī* comme Amma. Kṛṣṇa exprime le même sentiment dans la Gītā quand il dit :

> ātmaupamyena sarvatra
> samaṁ paśyati yo'rjuna |
> sukhaṁ vā yadi vā duḥkhaṁ
> sa yogī paramo mataḥ ||
>
> O Arjuna, celui qui voit le bonheur et le chagrin partout (en tous les êtres) selon les mêmes critères qu'il appliquerait pour lui-même, un tel yogī est considéré comme suprême[52].

Amma donne un autre exemple pour montrer comment l'assimilation correcte d'*ātma-jñānaṁ*

[52] Bhagavad-Gītā, 6.32

conduit à l'équanimité. Généralement, quand il arrive une tragédie à quelqu'un d'autre, on reste détaché. Selon Amma, si on a assimilé la connaissance du Soi, on manifeste le même détachement quand on rencontre soi-même des problèmes. Actuellement, dit Amma, si nos voisins perdent un être cher ou traversent des difficultés, nous pouvons facilement leur offrir un conseil plein de sagesse, tiré de la philosophie du Vedānta. Mais si c'était à nous que cette tragédie arrivait, eh bien nous pleurerions comme eux. Quand on a réellement assimilé le fait que la Conscience est notre nature, on s'identifie au témoin. Alors on perçoit tout ce qui arrive à notre corps-mental avec le même détachement que si cela arrivait à quelqu'un d'autre. Amma dit : « Le principe sous-jacent à l'attitude du témoin, c'est l'attitude qui considère que rien ne nous appartient. Pourquoi ? Parce que si on examine le bon et le mauvais sans idée préconçue, en s'identifiant à la pure Conscience, alors ni nos actions ni leurs résultats ne peuvent nous lier. Le point culminant de l'état de témoin, c'est quand le mental devient pareil à un miroir. Un miroir ne dit jamais : « Oh ! Que c'est beau ! »

ni « Berk ! C'est dégoûtant ! C'est horrible ! ». Le miroir reflète simplement, silencieusement, tout ce qui apparaît devant lui. »

Un résident de l'*āśraṁ* demanda un jour à Amma à quoi servait d'assimiler la vérité : « Je suis pure Conscience ? » Au bout d'un moment, Amma se mit à lui raconter une série d'erreurs commises par un autre résident de l'*āśraṁ*. Il écoutait attentivement pendant qu'Amma énumérait les erreurs de cette personne, il manifestait son accord avec ce qu'elle disait, il souriait même. Soudain, Amma s'arrêta. Elle lui dit : « Tu sais que je ne parle pas de quelqu'un d'autre, n'est-ce pas ? Il s'agit de toi. Les gens m'ont raconté que tu avais fait tout cela ». Le sourire disparut aussitôt de son visage. Amma dit alors : « Tu vois quel est l'intérêt d'être capable de demeurer témoin ? Tant que tu croyais que quelqu'un d'autre avait commis ces erreurs, mes paroles ne te dérangeaient pas. Tu es resté témoin et tu souriais. Mais quand tu as compris que c'était toi que l'on blâmait, ta bonne humeur a disparu. L'état de témoin, c'est la capacité de prendre du recul et de tout regarder en souriant, sans être attaché à aucune situation ni développer le sentiment que quoi que ce soit nous appartient ».

Ainsi, dit Amma, quand nous sommes en colère contre quelqu'un, essayons de penser : « Je ne suis pas le corps. Je suis la pure Conscience. Je ne suis pas ce que cette personne a dit que j'étais. Alors pourquoi me mettre en colère ? Cette personne non plus n'est pas le corps, mais la pure Conscience. Alors contre qui suis-je en colère ? » C'est là que réside l'intérêt de la connaissance de Soi : quand non seulement on comprend que l'on n'est pas le corps-mental mais que de plus, on reste ancré dans cette connaissance dans les moments difficiles, même quand le corps-mental est critiqué. De même, la connaissance de Soi manifeste toute sa valeur quand on ne comprend pas seulement intellectuellement son unité avec toutes les créatures, mais qu'on les aime et les aide aussi volontiers qu'on le fait naturellement pour soi-même.

En 2004, après le tsunami qui eut lieu dans l'Océan Indien, tout l'*āśram* et les villages environnants furent complètement inondés. Amma passa la journée entière avec de l'eau jusqu'à la taille, occupée à organiser l'évacuation des gens : les résidents de l'*āśram*, les visiteurs et les villageois. Dans la soirée, elle fut la dernière à traverser la lagune pour quitter la presqu'île. J'ai alors demandé à Amma comment elle allait. Amma m'a répondu : « Peu importe ce qui se passe à l'extérieur, à l'intérieur, je suis toujours sereine ». C'est là le signe de *jñāna-niṣṭhā*, la sérénité intérieure, fût-ce devant un tsunami.

Un autre exemple date du tout début de l'*āśram*. Un homme appelé Dattan, un lépreux, venait au *darśan*. Amma nettoyait ses plaies avec ses mains nues et avec sa langue, allant même parfois jusqu'à sucer le pus de ses plaies. À l'époque, j'ai demandé à Amma : « Amma, comment peux-tu faire une chose pareille ? Est-ce que cela ne te répugne pas ? » Amma a répondu : « Fils, ressens-tu de l'aversion lorsque tu soignes une plaie sur ton propre bras ? Je ne considère en rien ce corps-là comme séparé de moi. » Apporter une aide aussi pleine de tendresse et de compassion à ceux qui souffrent, sans aucun souci de soi-même, c'est cela, *jñāna-niṣṭhā.*

Contrairement aux gens ordinaires, un *avatāra* choisit les circonstances de sa vie : où il/elle naîtra, où il vivra, ce qu'il fera, etc. Et

Amma, résolue à enseigner comment « vivre le Vedānta », a inventé le moyen idéal : son *darśan*.

Pour illustrer cela, un *brahmacārī* a un jour raconté cette histoire imaginaire au sujet d'Amma : Avant cette naissance, Devī se trouvait dans les mondes célestes et elle a songé à s'incarner sur terre. Elle a demandé à ses compagnes célestes, ses *śaktis*, où elle devait naître. Alors les *śaktis*, imaginant d'agréables vacances avec elle, ont dit : « Humm… dans le Kérala ! La région est si belle ! On l'a surnommée « Le pays de Dieu ! »

Et Devī a dit : « Qu'il en soit ainsi ».

Puis Devī a demandé : « Et qui seront mes parents ? »

Et les *śaktis* se sont dit : « Bon, il faut que ce soit un endroit isolé, pour qu'il n'y ait pas trop de monde qui vienne nous déranger ». Alors elles ont répondu : « Il y a un couple qui vit selon le *dharma*, entre la lagune et la Mer d'Oman. Ils sont très pieux ». (Elles se sont bien gardé de mentionner qu'il n'y avait pas de pont !)

De nouveau, Devī a dit : « Qu'il en soit ainsi ».

Ensuite, Devī a demandé : « Mais que vais-je faire, là-bas ? »

Et les *śaktis* ont dit : « Tu peux enseigner aux gens ce qu'est le *dharma*, et leur enseigner que leur nature est divine ».

« Qu'il en soit ainsi », a dit Devī.

« Mais comment vais-je leur enseigner cela ? »

Et les *śaktis* restèrent toutes silencieuses. Car la capacité de parler de cette vérité qui est au-delà des mots et du mental, que l'on ne peut jamais prendre pour objet, est un miracle.

Mais une des *śaktis*, connue pour être un peu comédienne, finit par lancer en plaisantant : « Eh bien, peut-être que tu pourrais simplement les prendre dans tes bras ».

Les autres *śaktis* ne comprenaient pas. « Les prendre dans les bras ? »

La *śakti* comédienne dit en riant : « Eh bien oui, à l'image du *jīvātmā* qui se fond dans le *paramātmā* ».

C'était une blague, mais les yeux de Devī brillèrent : « Oui, oui, je les prendrai dans mes bras ».

Les *śaktis* commencèrent à s'inquiéter. Il y avait quelque chose dans le regard de Devī…

Devī dit : « Au début, ils seront peu nombreux. J'écouterai leurs problèmes, j'essuierai leurs larmes et je les prendrai dans mes bras, je ferai tout ce que je pourrai pour les aider. En voyant cela, les gens verront qu'il est possible d'aimer autrui autant que l'on s'aime soi-même. Mais ensuite, ils seront plus nombreux, des centaines, et je les étreindrai et leur manifesterai aussi une réelle compassion ».

Les *śaktis* étaient de plus en plus inquiètes. Ce scénario ne leur plaisait pas du tout. Mais Devī était de plus en plus enthousiaste.

« Puis ils seront des milliers et je les prendrai dans mes bras, je leur manifesterai aussi mon amour et ma compassion. Et les gens se diront : « Mais comment peut-elle faire ça ? Cela prend des heures et des heures ! Elle ne fait jamais aucune pause ! Elle ne prend jamais de temps pour elle ! Toute sa vie est consacrée à essuyer les larmes d'autrui et à les consoler ! N'a-t-elle donc pas besoin de repos ? Comment peut-elle endurer cela ? Comment fait-elle pour garder toujours le sourire ? » Mais je n'arrêterai pas. Et puis, les milliers de personnes deviendront des millions. Et certains me jetteront des fleurs, d'autres des pierres, mais je les aimerai tous également. J'exprimerai envers chacun d'eux la compassion dont ils ont une soif désespérée. Et certains se moqueront de moi et me feront des reproches. Certains me trahiront, mais je continuerai à leur manifester uniquement de l'amour. Puis des dizaines de millions viendront. Et personne n'y croira. Ils diront : « Comment peut-elle faire ça ? Son corps doit être fracassé ! » Et le corps que je vais prendre sera effectivement brisé. Mais je sourirai encore. Je les féliciterai de leurs réussites et sècherai leurs larmes de chagrin. Je leur montrerai, je montrerai au monde entier ce qu'est réellement le Vedānta, ce que cela signifie, à quoi cela ressemble quand quelqu'un sait qu'il est Dieu et que les êtres de l'univers entier sont ses enfants ».

Alors les *śaktis* implorèrent : « S'il te plaît, Devī, ne fais pas cela ! Sais-tu à quel point ce sera douloureux ? Les gens seront complètement ignorants. Ils voudront que tu leur donnes toujours plus, encore et encore. Ils ne te laisseront jamais de répit avec leurs problèmes, leurs ennuis, leurs questions et leurs lettres. Et tu auras beau leur enseigner et leur montrer la vérité, la majorité ne comprendra même pas ! Rien que d'entendre tes paroles, c'est insupportable ! Nous ne voulons pas te voir souffrir autant ».

Mais pendant qu'elles parlaient, le *sāri* rouge vif de Devī commença déjà à pâlir pour devenir blanc et ses longs cheveux noirs se nouèrent en chignon. Puis, sous leurs yeux, le corps mince de Devī prit des rondeurs, devint un corps parfait pour donner des étreintes.

Alors Devī entendit les *śaktis* dire : « Ô Devī, cette idée nous est intolérable, c'est vraiment trop fantastique. S'il te plaît, ne fais pas cela ».

Et Devī répondit : « Non, c'est parfait. C'est exactement comme ça que je le veux ».

Une fois que l'on a compris l'enseignement du Vedānta, notre devoir consiste à essayer de le mettre en pratique dans la mesure de nos possibilités. Il ne nous est peut-être pas possible de vivre le Vedānta au même niveau qu'Amma le fait. Néanmoins, faisons de cette perfection notre étoile polaire, qui guide constamment le voyage de notre vie. Pour cela, comprenons comment les qualités divines que nous voyons en Amma sont des reflets de l'enseignement du Vedānta. Ayant saisi cela, soyons fermes dans notre connaissance et cherchons à imiter ces qualités. Il nous appartient d'imiter la patience d'Amma, sa maîtrise d'elle-même, sa compassion, son détachement face aux difficultés qu'elle rencontre et aux souffrances de son corps, son absence totale d'attraction et de répulsion, l'empressement avec lequel elle se sacrifie pour autrui et se précipite à leur aide. Tout cela. Comme le dit Śaṅkarācārya dans son commentaire du second chapitre de la Bhagavad-Gītā : « Dans toutes les Écritures, quelles que soient les caractéristiques qui décrivent un être éveillé, elles sont présentées comme une pratique spirituelle pour un chercheur spirituel[53] ». Ces efforts, associés à notre compréhension du Vedānta, nous conduisent peu à peu de *jñānaṁ* à *jñāna-niṣṭhā*.

Du point de vue ultime, le mental aussi est une *māyā* (illusion). Cela implique la chose suivante : puisque nous ne sommes pas le mental, que nous importe qu'il souffre ? Certains textes

[53] Bhagavad-Gītā, 2.55: sarvatra eva hi adhyātma-śāstre kṛtārtha-lakṣaṇāni yāni tāni eva sādhānani upadiśyante yatna-sādhyātvāt.

ultimes du Vedānta défendent cette position. En définitive, ils ont raison.

De plus, il y aura toujours un certain degré de fluctuation dans le mental. Le mental est matière, comme le corps. Le fait que nous ayons la connaissance du Vedānta ne signifie pas que nous n'aurons pas de bleus sur le bras si quelqu'un nous frappe. De même, les émotions sont la nature du mental. Elles seront toujours présentes dans une certaine mesure. La libération, en définitive, ne consiste pas à contrôler le mental mais à comprendre : « Je ne suis pas le mental ». Nous ne sommes pas des *avatāras* comme Amma. Son degré de *niṣṭhā* devrait nous guider, mais il s'écoulera peut-être des millénaires avant que le monde voie de nouveau un mental capable de manifester un tel degré de *niṣṭhā*.

Quoi qu'il en soit, notre *dharma* est de chercher constamment à améliorer et à discipliner notre mental, à le mettre en harmonie avec notre connaissance du Vedānta. Dans le même temps, n'oublions jamais cette vérité : « Quel que soit l'état de mon mental, le mental avec ses pensées et ses émotions n'a en réalité aucun effet sur moi, la Conscience-témoin ».

Il n'y a pas de contradiction. Comprenons que nous ne sommes pas le mental, mais efforçons-nous toujours d'améliorer le mental. Le seul fait de comprendre l'Advaita Vedānta ne signifie pas que nous pouvons abandonner notre discipline intérieure. Consacrons chaque jour du temps à la méditation, faisons l'*arcana*, chantons notre *mantra*, faisons du *seva*. Après tout, bien que l'enseignement ultime de l'Advaita soit « Je ne suis pas le mental mais pure existence-conscience-béatitude », si nous voulons savourer cette béatitude, si nous voulons goûter l'*advaita-makaranda*, le miel non-duel que nous sommes, il n'y a qu'un seul moyen : que cette béatitude se reflète dans le mental.

Il ne s'agit donc pas de cesser de raffiner et d'entretenir notre mental, bien que le mental et ce qui s'y reflète, en définitive, ne soit pas mon être réel. Simplement, après avoir compris les enseignements ultimes du *guru* et des Écritures, nous ne le faisons plus pour accéder à la libération. Notre pensée devient : « Je suis libre. Je l'ai toujours été et je le serai toujours. Mais ce mental a différents problèmes. Je vais travailler à les corriger. Cela n'a rien à voir avec ma nature réelle. Néanmoins, que cela soit l'œuvre de toute ma vie : rendre ce mental aussi bon et aussi raffiné que possible, le mettre autant que possible en harmonie avec le reste de la création. Ainsi, je serai plus gentil, plus aimant. L'amour qui demeure en moi ne sera plus « piégé comme du miel dans une crevasse rocheuse », comme dit Amma, mais il s'exprimera librement envers tous. »

Le Vedānta insiste ici sur l'importance de *nididhyāsanam*. Tout d'abord, nous écoutons et nous apprenons le Vedānta par les paroles du *guru* ; c'est *śravaṇam*. Ensuite, nous éclaircissons tous les doutes qui risquent de se lever en réfléchissant et en posant des questions ; c'est *mananam*. Puis, une fois que la connaissance est complète et claire dans notre esprit, si nous désirons atteindre l'état de *niṣṭhā*, si nous voulons que la connaissance sature notre mental, comme c'est le cas pour Amma, alors il nous faut volontairement demeurer dans cette connaissance. C'est ce qu'on appelle *nididhyāsanam*. Si la connaissance ne sature pas encore le subconscient, elle n'est pas très différente de la connaissance qui repose encore dans le livre.

Amma dit : « Nous pouvons bien entendre d'innombrables fois que nous ne sommes ni le corps, ni le mental, ni l'intellect, que nous sommes l'incarnation de la béatitude. Pourtant, il suffit que nous soyons confronté à un problème trivial pour que nous l'oubliions ». Une pratique constante est donc nécessaire si nous voulons être forts face aux difficultés. Il faut entraîner le mental à demeurer constamment dans cette conscience. Entraînons le mental à repousser tous les obstacles qui se dressent sur notre chemin, avec la conviction que « nous ne sommes pas des agneaux, mais des lionceaux ». Amma se réfère ici à *nididhyāsanam*.

Aux États-Unis, dans les années soixante, il y avait un feuilleton télévisé très populaire qui s'appelait *Le Show Andy Griffith*. Il mettait en scène le shérif d'une petite ville et son adjoint, orgueilleux et impétueux, joué par le comique Don Knotts. Dans un épisode, l'adjoint décide d'apprendre le judo. Il demande au shérif, qui est bien plus baraqué que lui, s'il peut pratiquer quelques prises sur lui. Il demande au shérif de l'attaquer. Le problème, c'est que l'adjoint ne se rappelle les prises de contre-attaque et ne peut les utiliser que si le shérif fait des mouvements lents et s'il attaque exactement comme c'est décrit dans le livre. Si le shérif attaque à toute allure, si ses mouvements sont différents de ce qui est présenté dans le livre, l'adjoint finit immanquablement cloué au sol. Eh bien, comme le judo, le Vedānta n'est utile que lorsqu'il sature notre subconscient. C'est l'état de *niṣṭhā*. C'est alors que nous en retirons le bénéfice réel. On peut bien connaître techniquement des mouvements de judo, mais si on ne les a pas suffisamment pratiqués, ces mouvements ne seront pas spontanément à notre disposition en cas de besoin. Ainsi, tant que le Vedānta n'est pas devenu partie intégrante de notre façon de penser, de marcher, de parler, nous aussi devons le pratiquer.

Amma se lamente souvent : « Les gens veulent un rabais. Alors j'accorde des ristournes. Mais quand le prix est trop réduit, la qualité baisse ». Amma veut dire qu'elle ne nous forcera jamais. Si nous ne voulons pas méditer, faire l'*arcana*, faire du *seva*, etc., Amma ne va pas nous rejeter. Elle ne nous fera pas sortir de la queue du *darśan*. Elle continuera à manifester son amour et sa compassion envers nous. Elle nous accordera cette « remise ». Mais qui est le perdant dans cette affaire ? Ce qui est perdu, c'est la qualité du fruit que nous obtenons de notre compréhension spirituelle ; la qualité diminue en proportion directe du rabais que nous avons demandé.

Pour que la connaissance du Vedānta porte ses fruits, il faut que le mental possède un certain degré de raffinement. Voilà pourquoi, traditionnellement, on dit qu'avant d'aborder le Vedānta, il faut développer au moins un certain degré de *sādhana-catuṣṭaya saṁpatti*, littéralement, la richesse qui vient de quatre pratiques spirituelles[54]. Voilà pourquoi le discernement,

[54] Comme nous l'avons mentionné auparavant, « quatre » pratiques spirituelles signifient en réalité « neuf », Parce que l'une des quatre en contient six. Il s'agit de *viveka, vairāgya, mumukṣutvaṁ* et *śāmādi-ṣatka saṁpattiḥ* (*śama, dama, uparama, titikṣā, śraddhā et samādhāna*), le discernement, le détachement, le désir pour la libération et la sextuple richesse qui commence avec la discipline du mental : la discipline du mental, la discipline des sens, la capacité de retirer le mental des

le détachement et le désir d'atteindre le but sont nécessaires. La discipline des sens et du mental est nécessaire. Nous avons besoin d'un mental paisible, capable de se concentrer. Il faut être introverti, au moins dans une certaine mesure, et avoir foi dans les enseignements du *guru* et des Écritures. En fait, si nous possédons un haut niveau de *sādhana-catuṣṭaya saṁpatti*, *ātma-jñānaṁ* s'éveille rapidement quand le *guru* l'enseigne, et *niṣṭhā* suit presque naturellement.

Mais comment développer ces qualités ? Elles se développent quand nous menons une vie conforme aux valeurs universelles : la bonté, l'honnêteté, la patience, la compassion et l'humilité. Elles se développent grâce à la pratique du *karma-yoga* et à une pratique régulière de la méditation. Il est peut-être possible de comprendre le Vedānta sans ces pratiques et sans acquérir *sādhana-catuṣṭaya saṁpatti*. Après tout, de nos jours, on peut même étudier le Vedānta à l'université. Cependant, ni les étudiants ni leur professeur n'atteignent l'éveil. Pourquoi ? C'est qu'ils ont obtenu la

---

objets des sens, l'endurance, la foi et la concentration. Il ne faut jamais les abandonner.

connaissance au rabais, en faisant l'économie de *sādhana-catuṣṭaya saṁpatti*. Assurons-nous que nous n'obtenons pas la connaissance du Soi avec la même remise. Si nous comprenons le Vedānta mais que nous n'en ressentons pas les bienfaits au niveau émotionnel, le problème est que notre mental n'est pas assez raffiné. Si tel est le cas, il nous faut faire plus d'efforts pour développer *sādhana-catuṣṭaya saṁpatti*. En fait, même les *sannyāsīs* ne devraient jamais abandonner la discipline qui consiste à cultiver *sādhana-catuṣṭaya saṁpatti*.

La meilleure façon de s'assurer que nous cultivons avec diligence *sādhana-catuṣṭaya saṁpatti*, c'est de garder une relation étroite et pleine de dévotion avec un *sadguru* comme Amma. La dévotion qui nous lie au *guru* est le meilleur moyen de rester ferme dans la pratique de ces disciplines. Devant l'éclat de la perfection d'Amma, les défauts de notre mental sont mis à nu. Lorsque nous sommes confrontés à ces défauts, les encouragements du *guru* associés à notre dévotion envers lui nous font avancer. Cette association est due à la grâce et elle apporte encore plus de grâce. Sur le plan empirique, la grâce est toujours essentielle. La grâce pour purifier le mental. La grâce pour développer notre lien avec le *guru*. La grâce pour suivre les instructions du *guru*, pour comprendre son enseignement et l'assimiler. D'un bout à l'autre, la grâce est nécessaire. Comme le disent les Upaniṣads :

> yasya deve parā bhaktiḥ yathā deve tathā gurau | tasyaite kathitā hyārthāḥ prakāśante mahātmanaḥ ||
>
> Le sens profond de ce qui est exprimé (dans les Upaniṣads) n'est révélé qu'aux êtres nobles qui ont une dévotion profonde à la fois envers Dieu et envers le *guru*[55].

Comme Amma aime à le dire : « Il ne suffit pas de déclarer « Je suis *Brahman* ». Encore faut-il que nous manifestions la nature de *Brahman* dans nos actions. Si quelqu'un nous gronde, nous devrions rester calme et ne pas nous mettre en colère. Discernons « Je ne suis pas le corps, je suis l'*ātmā*. Si je suis l'*ātmā*, inutile d'être triste ». On peut dire que quelqu'un a atteint

[55] Śvetāśvatara Upaniṣad, 6.23

Brahman quand il est incapable de haïr. Dans cet état, il n'a aucun sentiment d'infériorité ou de supériorité. Tout est en nous. Nous sommes *Brahman*. Mais inutile de se contenter de le dire. Le sentiment d'être *Brahman* doit jaillir de l'intérieur. Le fruit du jacquier comme sa graine sont *Brahman*. Le fruit est bon et sucré, mais pas la graine. La graine doit germer, croître, devenir un arbre puis porter des fruits. La graine n'est pas identique à l'arbre ou au fruit. L'arbre est contenu dans la graine mais il est à l'état latent. Si la graine est cultivée correctement, si on en prend soin, elle peut devenir un arbre. Ainsi, nous aussi pouvons atteindre l'état de *Brahman* si nous essayons. Mais quel sens y a-t-il à se proclamer *Brahman* quand on court comme nous après la nourriture et les vêtements, considérant que le corps est éternel ? Regardez les *mahātmās*. Ils ne haïssent personne. Avec le sourire, ils se mêlent à tous. Ils guident le monde en portant un regard égal sur tout. Tel est l'exemple qu'il nous faut suivre. Tout d'abord, nous avons besoin d'une discipline régulière. La clôture de la discipline régulière est nécessaire pour protéger la jeune plante de la spiritualité des ravageurs du matérialisme.

Efforçons-nous donc de comprendre et d'assimiler l'enseignement d'Amma et des Écritures avec foi et dévotion. Restons toujours ancrés dans les valeurs universelles que sont la compassion, l'altruisme et l'humilité. Cultivons le détachement envers nos impulsions égoïstes. Servons le monde avec sincérité, bonté, détachement et attention. Ainsi, notre connaissance étant ferme et notre mental devenant de plus en plus pur, la réalité divine deviendra pour nous une expérience de plus en plus tangible, intérieurement et extérieurement. Nous serons alors capables à la fois de comprendre le Vedānta et, comme Amma, de le vivre.

En novembre 2019, Amma se trouvait en Europe pour ce qui allait s'avérer être son dernier tour à l'étranger avant la pandémie du coronavirus et les longs confinements mondiaux qui allaient suivre. À la fin d'un long *darśan* à Marseille, en France, alors qu'Amma avait étreint les gens sans arrêt depuis le matin, elle s'est adressée aux dévots. Amma a regardé les milliers de personnes qu'elle avait étreintes ce jour-là, puis elle a dit : « Je vois que tant d'entre vous sont tristes. Pourquoi êtes-vous si tristes ? Si seulement vous pouviez voir ce que je vois. Parce que je vois cette joie infinie, incroyable, qui demeure en chacun de vous. Mais elle est recouverte de nombreuses couches de tristesse, voilà pourquoi vous ne pouvez pas la voir. Je ne peux pas extraire cette joie pour vous. Mais pour vous, ce serait très facile. Il vous suffit de prendre conscience qu'elle est là. Elle est *là* ! Elle est *là* ! »

Amma a dit ensuite qu'elle avait le sentiment que la majorité d'entre eux comprenaient l'essence du Vedānta ; mais le problème était que leur compréhension n'était pas enracinée dans un mental paisible et discipliné. Puis elle a insisté à plusieurs reprises sur le fait que, pour que la connaissance du Soi de l'Advaita porte ses fruits, il est nécessaire de raffiner le mental et de le rendre silencieux à l'aide des différentes pratiques spirituelles : les actions désintéressées, la méditation, les valeurs universelles, le détachement, etc.

Amma avait donné le *darśan* continuellement pendant plus de douze heures et le programme du lendemain matin n'était pas si éloigné ; malgré tout cela, Amma s'est mise à chanter le Nirvāṇa Ṣaṭakam. C'est le *stotraṁ* écrit par Śaṅkarācārya, déjà mentionné auparavant dans ce livre. Les trois premières lignes de chaque verset distinguent entre différents aspects du monde phénoménal, comme le corps, le mental, etc., et le vrai Soi. Puis le dernier vers proclame triomphalement : « *cid-ānanda-rūpaḥ śivo 'haṁ śivo 'ham*, je suis Śiva, dont la nature est pure conscience-béatitude, je suis Śiva, je suis Śiva. ».

Amma a dit à tous les dévots de fermer les yeux et de tout oublier, tout ce qui les liait à ce monde, en chantant le *bhajan*. Amma a dit : « Le Śiva mentionné ici n'est pas Śiva, la déité. Il s'agit ici du *paramātmā*, du Soi suprême. Au moins pendant la durée de ce chant, fermez les yeux et oubliez que vous êtes Untel ou Unetelle. Oubliez tout cela et, pendant que vous chantez, croyez fermement : « Oui, je suis le Soi suprême. Je suis le Soi suprême ». Quand Amma a chanté le *bhajan*, chaque fois que revenait le refrain, elle montrait d'un geste les dévots, puis ensuite elle-même, comme pour dire : « C'est vous ! C'est moi ! C'est ce que nous sommes tous en vérité ». *Śivo'haṁ śivo'ham.*

Tel est l'enseignement ultime d'Amma et de l'Advaita : Tu es la paix et le bonheur éternels que tu as cherchés toute ta vie. Tu n'es ni le corps ni le mental. Tu es pure existence-conscience-béatitude. Tu es ce fil divin unique sur lequel tous les cœurs sont enfilés. Tous les noms et toutes les formes apparaissent en toi, existent en toi et se fondent à nouveau en toi dans un cycle éternel. Rien ne peut te toucher, encore moins te nuire, car tu es le substrat omniprésent de tout ce qui est. Tu es cette vérité. « C'est toi ! C'est toi ! » Avec la grâce d'Amma, puissions-nous tous comprendre, assimiler et vivre cette vérité sacrée.

|| oṁ lokāḥ samastāḥ sukhino bhavantu ||

Puissent tous les êtres dans tous les mondes être heureux.

www.ingramcontent.com/pod-product-compliance
Lightning Source LLC
LaVergne TN
LVHW051736080426
835511LV00018B/3099
* 9 7 8 1 6 8 0 3 7 8 6 7 2 *